貴志俊法
Kishi Toshinori

人と組織による
実践経営学

Practical Management
by People and Organizations

PHP研究所

はじめに

　パナソニックで主に事業経営に携わってきた著者が、人事施策に関する解説書を執筆することは、ともすれば奇異に感じられるかも知れない。しかしながら先行きが不透明で将来の予測が困難であるＶＵＣＡ[1]の環境下において、企業がサスティナブルであるために人事の果たすべき役割は何であるのか？　求められる人材像、組織像について、著者の実践経験と経営理論とを紐づけながら整理し記述することは、イノベーションを創出するために人材や組織運営を進化させたいと考える経営者や組織責任者の皆さん、またそれを支援する各種職能、とりわけ人事部門スタッフに対して一定の価値があるのではと考えた。

　最初に断っておくと、本書は経営理論の解説書ではない。時には理論に異を唱え、時には新たなモデルを提案しながら、様々な経営理論を著者の実践経験と照らし合わせて考察し再解釈することによって、より実践に活用し得る方法論として紹介することを目的としている。加えて、イノベーションを創出するための暗黙知的ノウハウを言語化、一般化して共有することにより、様々な企業や組織において活用が可能となり、イノベーションの創出活動を加速させる、その指南書を目指したものでもある。

ここで著者の経歴を紹介させていただく。学生時代は物質の磁気的構造に関する研究を行っていた。実験によって得られたデータを説明するための仮説モデルを組み立て、新たな実験によって検証しながら、そのメカニズムを解明することを求められた。仮説→検証プロセスの繰り返しは経営においても同様に求められることであり、そこでの学びが多少なりとも経営に活かせていたかも知れない。

大学院を卒業した後は、当時の松下電器産業㈱、現在のパナソニックグループに入社し、35年間にわたり勤務した。当初は本社技術部門で研究職に就いたのだが、1995年にＤＶＤの2層ディスクを開発した経緯で、北米でのＤＶＤディスク製造企業の設立から運営に携わることになった。当時、一《いち》研究者であった30歳半ばの著者にとって、異文化と異業界に放り込まれることはショッキングな事ではあったが、土地選定、現地人の採用、法規制への対応、制度・しくみの構築から、設備導入や製造オペレーションに至るまで、スタートアップ企業さながら7名の日本人と現地で雇用した十数名の人間で企業を立ち上げ、事業拡大に奔走した7年間は、以降のキャリアに大きな影響を与えてくれたと感じる。

その後日本に戻り、パナソニックグループにて工場経営や事業経営を担当するが、当初はいっぱしのイノベーターであり、技術者であり、経営者であるという自負があったように思う。しかしながら事業経営の経験を重ねるうち、事業が論理的思考や科学的思考のみでは上手く回らないと感じ始めるようになってゆく。企業は組織からなり、組織は人からなる。組織としてのベクトルが大きく、太く、真っ直ぐにゴールを目指すこと、すなわち組織能力の高さが、中長期的な経営をプラスのサイクルで回すのではないかと感じるようになり、組織能力を高めることにかなりの比重を置く経営手法に変化させていった。

また25年間の事業経営の経験において多くの新規事業開発を手掛けてきたが、これには既存事業以上に、より組織能力の高さが求められるように感じている。正直失敗も少なくないが、例えば直近担当した事業場で手掛けた、リモート映像制作プラットフォーム(KAIROS)や、プロジェクターの集中管理サービスのような、イノベーティブな事業を創出することができたのは、高い組織能力の賜物《たまもの》であると考えている。経済学的な戦略論はサイエンスであり、それ自体から差別化要素は生まれない。持ち得る情報の量や質に差があるにせよ、サイエンスは誰もが平等に使用でき、その結果誰もが同じ結論に到達できるためである。イノベーションの持続的な創出を可能とするのは、結局のところ人であり組織でしかないというのが著者の実感である。

20世紀初頭に「科学的管理法の父」として知られるフレデリック・テイラーによって提

唱された科学的な経営は、ノルマと報酬、標準化、職能別組織など合理的かつ効率的な経営手法として、それまで〝成り行き〟で進められてきた経営を一気に近代化させた。日本企業は、強いアメリカが世界の警察機能を果たす安定した環境下で、欧米諸国によってなされたイノベーションの模倣と改良による高性能化と、合理化と効率化による低価格化を基本戦略（?）として、科学的な管理手法を駆使することで産業界の頂点を極めた。

しかしながら一方で人を労働力として捉え、人が企業組織の歯車として扱われる傾向も助長されていった。21世紀のVUCA時代において企業にはイノベーションの連打が求められるが、これはまさに20世紀と両極に位置する企業環境である。これまで日本が得意としてきた経営手法だけでは立ち行かないことに加え、「人の歯車化」という負の遺産が重く残るというのが、多くの日本企業が直面している課題ではないだろうか。

2008年のリーマンショックを一つの契機として人的資本の重要性が見直され始め、金融資本主義から人的資本主義へと加速度的に世界の潮流は変化している。岸田文雄現首相も2022年1月の通常国会での演説において「新しい資本主義」を提唱し、その実現のための政策の3つの柱の1つとして「人への投資」の抜本強化を掲げている。他国に比べ日本が大きく後塵《こうじん》を拝している実態を踏まえ、スキル向上や再教育など人的投資の早期倍増、公的職業訓練の見直し、企業の人的資本の開示ルール策定などの施策を打ち出している。[2] これは「人の歯車化」からの脱却宣言であるとも言えよう。

なお本書はパナソニックの事業部長時代に、組織責任者および経営者候補の皆さんに実施していた著者による講座、また2022年4月にパナソニック ホールディングスの事業会社の1つとして発足したパナソニック コネクト株式会社が、新たな人事制度やしくみを構築するにあたり、人事部門責任者の皆さんに実施した講座をベースにまとめ直したものである。より多くの経営者、組織責任者を含め人事に携わる皆さんが、腹落ちした持論を持ちながら経営を進化させてゆく一助となれば幸いである。

1 VUCA（ブーカ）：Volatility（変動性）、Uncertainty（不確実性）、Complexity（複雑性）、Ambiguity（曖昧性）の頭文字を取ったもの。未来の予測が難しい状況を示す略語。

2 「第208回国会における岸田内閣総理大臣施政方針演説」（2022）
https://www.kantei.go.jp/jp/101_kishida/actions/202201/17shiseihoshin.html

本書の構成だが、まず第一章では現代の二大潮流である戦略理論を紹介しながら、サイエンス型の経営によってできること、できないことを経営者としての実践経験に基づく見地から見てゆく。VUCA時代の企業経営に対して、二大理論を適用できる範囲とその適用限界について把握しておくことは、第二章以降の議論を進める上での大前提でもある。

第二章では組織を進化させるために重要とされる、「両利きの経営」と「リーダーシップ」のうち、前者について解説するとともに、組織における「知の創出」、いわゆるイノベーションの発生メカニズムについて解説する。著名なSECIモデルを紹介することに加え、より実践的だと考えられるダイス（DICE）[3]モデルを提案する。

続く第三章ではリーダー論とリーダーシップ論を対比して議論を進め、リーダーの果たすべき役割とリーダーに求められる能力について解説する。そこから得られる結論が、リーダーのみならず、すべての従業員にとっても必要な要件であることを興味深く感じられるのではと考えている。あらためて頭を整理していただくとともに、リーダー並びに人材育成に向き合うための思考の軸としていただきたい。

第四章では、続く第五章、第六章へのウォーミングアップとして、哲学の一分野であるフッサールの現象学を適用しながら、認知バイアスの発生や共感のメカニズムについての理解を深めていただきたい。個人がそれぞれ異なった個人バイアスの世界に生きていること、異なる世界観、価値観を持った人間同士が共感するメカニズム、また共感を得るための方法論について解説してゆく。合わせて人材開発や組織開発において重要な要素となるコミュニケーション能力とイントラパーソナル・ダイバーシティの位置づけに触れておきたい。

第五章では、個人の価値観が多様化する現代社会において企業と個人の関係性がどのように変化し、またその中で企業が人材を育成する意義やその重要性について議論する。さらにその前提において、企業人材が開発すべき能力とその開発を支援するための人材開発カリキュラムについて、具体的な事例をベースに解説してゆく。

第六章では、知を創出するために重要となる「良質な場」について解説した後、組織開発の手法を、職制を通じたものと職制によらないものの2つの観点で議論する。またともすれば和気藹々《わきあいあい》とした環境作りに陥りがちな組織開発活動を、より組織の進化を意識したものとする具体的な方法論を、事例を用いながら紹介してゆく。

人と組織による実践経営学◎目次

はじめに　1

第一章　戦略理論の適用範囲

現代の企業人事が経営理論を学ぶ必要性　16
業界の構造を俯瞰する「ポジショニング・ビュー」　18
企業の持つ強みを活かす「リソース・ベースト・ビュー」　24
プロダクト・ポートフォリオ・マネジメント（ＰＰＭ）　28
理論の適用範囲には限界がある　34

第二章　組織進化とイノベーションの創出

現代企業における人と組織の重要性　38

組織進化のメカニズム　44
知の深化と知の探索　50
知的コンバットする「場」　55
知を創造するメカニズム「SECIモデル」　58
「場」によるイノベーション創出のメカニズム「DICEモデル」　61
企業がサスティナブルに社会貢献するために　67

第三章　リーダーシップとモティベーション

リーダー論からリーダーシップ論へ　72
トランスフォーメーショナル・リーダーシップ（TFL）　75
モティベーションを向上させるメカニズム　84
シェアード・リーダーシップ（SL）　90
リーダーとして磨くべき武器　92

第四章 共感のメカニズム

認知バイアス 96
「リンゴを見ること」についての考察 100
自我発生のメカニズム 103
記憶のメカニズム 105
現象学的に見たイノベーション創出のメカニズム 109
共感のメカニズム 114
共感を起こすために必要な能力 120
◎コラム～理論の有用性について～ 122

第五章 人材開発の方法論

企業と個人の関係性 126
企業が求める人材像 135

開発すべき5つの能力 140
投資配分の考え方 154
リノベーション事例 156

第六章 組織開発の方法論

組織開発の目的 174
良質な「場」とは? 175
組織開発の2つのアプローチ 179
組織開発の活動事例 187
補足 201

事例① 課題図書レポート例 206
事例② 課題図書レポート例 207

事例③　レポート評価結果表　208

おわりに　210

謝辞　212

第一章——戦略理論の適用範囲

現代の企業人事が経営理論を学ぶ必要性

人事とは人の採用・育成、配置・異動、昇進・処分など、いわゆる人的リソースのマネジメントにより事業に貢献する部門である。ただ昨今は単純なマネジメントに留まらず、企業戦略と密接な関係を持ちながら業務を進めることがより重要となっている。企業の目指す方向性、それを実現するための戦略・戦術を理解した上で、人的リソースの持てる力を最大限発揮させることへの貢献が現代企業の人事には求められる。なお本書において「人事職能」という用語は、人事部門スタッフだけでなく、経営者や組織責任者を含め「人事に関する施策の推進を担《にな》う人間」を指していると考えていただきたい。

松下電器産業㈱（現パナソニックグループ）の創業者である松下幸之助の言葉に「ものを作る前に、ひとを作る」という名言があるが、これは「ものを作るために、ひとを作る」、すなわち企業の目指すゴールを実現するために、必要な要件を満たす人材を育てるということである。また現代においては単純に内部リソースの育成だけに留まらず、優秀な外部リソースをいかに獲得するのかも重要となってきている。

いずれにおいても、人事職能が企業の目指すゴールを理解することが大前提となる。ゴールを十分に理解することなく、それを実現できる人的リソースや組織に対して適切な施策を講ずることは困難である。なぜそのゴールなのか？　なぜその戦略を選ぶのか？　なぜその戦術を採るのか？　企業の中期的なゴールを腹落ち感を持って理解した上で、ゴール実現に向けた最善の人事施策が求められる。新しい価値を生み出すリーダーや従業員を輩出し得る人材開発体系、ダイミック・ケイパビリティを向上させ持続的に組織を進化させる組織開発活動を模索することが本書のテーマであるが、まず本章では自社戦略や戦術を腹落ち感を持って理解するために必要と思われる基礎的な戦略理論について紹介する。

人事職能として最低限押さえておきたいのは、戦略理論の二大潮流であるマイケル・E・ポーターらが提唱したポジショニング・ビュー[1]とジェイ・B・バーニーらが提唱したリソース・ベースト・ビュー[2]であろう。前者は事業が関連する業界の産業構造を分析することで、そのエコシステムにおいて自社がどのような位置づけにあり、どのような位置（ポジション）を目指すべきかを検討する手法であり、外部との関わり合いに議論の焦点を置く。一方後者は、人、モノ、金、情報など企業内部の経営資源を分析し、それらをいかに効果的・効率的に活用すべきかを検討する手法であり、内部リソースのあるべき姿に議論の焦点を置いている。

先に結論を書いておくと、現代の企業経営においても依然これら2つの戦略理論は有効であり、多くの企業が両側面から自社の企業戦略を策定している。しかしながら前者はすべてが合理的に判断されるという前提に立っている点、後者は具体的な方法論が欠如している点で、それぞれ適用範囲には限界がある。また静的な環境を前提として組み立てられた理論であり、ダイナミックに変化する現代社会においては適用方法に工夫が必要である。そして最大の課題は、いかにして差別化による価値を生み出すか、イノベーションを創出するのかについての方法論には言及されていないことである。このような理論の持つ課題に対する留意は必要であるが、基本的な考え方として理解しておくべきであることに変わりはない。

業界の構造を俯瞰する「ポジショニング・ビュー」

ポジショニング・ビューを紹介する前に、まず「完全競争」について説明しておこう。すべての戦略理論は「完全競争」からいかに離脱し、「完全独占」に向かうかというためのものである。

完全競争とは、①商品やサービスに差別化要素がなく代替可能で、②無数の売り手と買い手が存在し、③市場参入および撤退が自由にでき、④業界の情報がすべて開示されている状態、を言う。もしも多くの企業が同じ機能の商品やサービスを提供するとしたら、消費者が価格の安いところから買うのは当然の選択である。容易に商売を始められ、止められるので、美味しそうな商売だと思えば次々に参入する企業が増えるだろうし、どこかが安い価格で提供すれば他社はそれに倣《なら》うしかない。結果的に利益が出ない状態まで市場価格は下がり、すべての企業の利益はゼロとなる。これが完全競争の状態である。究極のレッドオーシャン市場だと言えよう。さらに現実には事業参入にあたって何らかの設備投資をしているが故に、投資回収するまではと撤退ができず、赤字でも事業を継続することが少なくない。

ポーターのポジショニング・ビューは企業が所属する業界の産業構造を分析することで前記条件の①〜③を崩し、他社に対する優位性を築こうとする競争理論である。ポーターの競争理論にはファイブフォース分析やバリューチェーン分析など様々な分析手法が提案されているが、本書ではファイブフォース分析について事例とともに紹介しておく。

ファイブフォース分析は競合他社など自社を取り巻くプレーヤーとの力関係や業界全体の収益構造を明らかにし、その中で自社の戦い方やポジショニングを検討するためのフレームワークである。

本理論においてフォースとは脅威を意味しており、自社と①新規参入、②競合関係、③

買い手、④売り手、⑤代替品の5つの脅威について他プレーヤーとの関係性を分析する。買い手に対する交渉力は強いのか否か、売り手に対して強気の価格で売れるのか、代替品が現れるリスクはどの程度高いのかなど、業界全体の構造を俯瞰《ふかん》的に可視化することで、自社の採るべき方向性を検討するための基礎データとなる。現代風に言えば、業界エコシステムの構造分析である。エコシステムのキープレーヤーは誰なのか？　より優位なポジショニングを獲得するには？　例えば垂直統合なのか、水平統合なのか、M&Aなのか、パートナーシップ戦略なのか？　多くの企業はこの産業構造分析を戦略策定において活用している。

詳細は専門書に譲るとして、多少なりとも手触り感を持っていただけるよう、著者が実際に担当していた映像制作産業の業界分析を事例として紹介しておこう。なおハード販売中心の事業体がクラウドプラットフォーム事業を開始するにあたって、限られた情報を基に行った初期の分析であり、現在では仮説→検証プロセスを経てさらなる修整が加えられていることを断っておく。また本事例が最終的で最適な戦略を説明するためのものではなく、限られた情報を用いて方向性の仮説を立てるプロセスを紹介するための事例として読み進めていただきたい。

事業部は過去より長年にわたり業務用カメラを中心としたハード販売を手掛けてきた。

図1-1　映像制作業界の構造分析

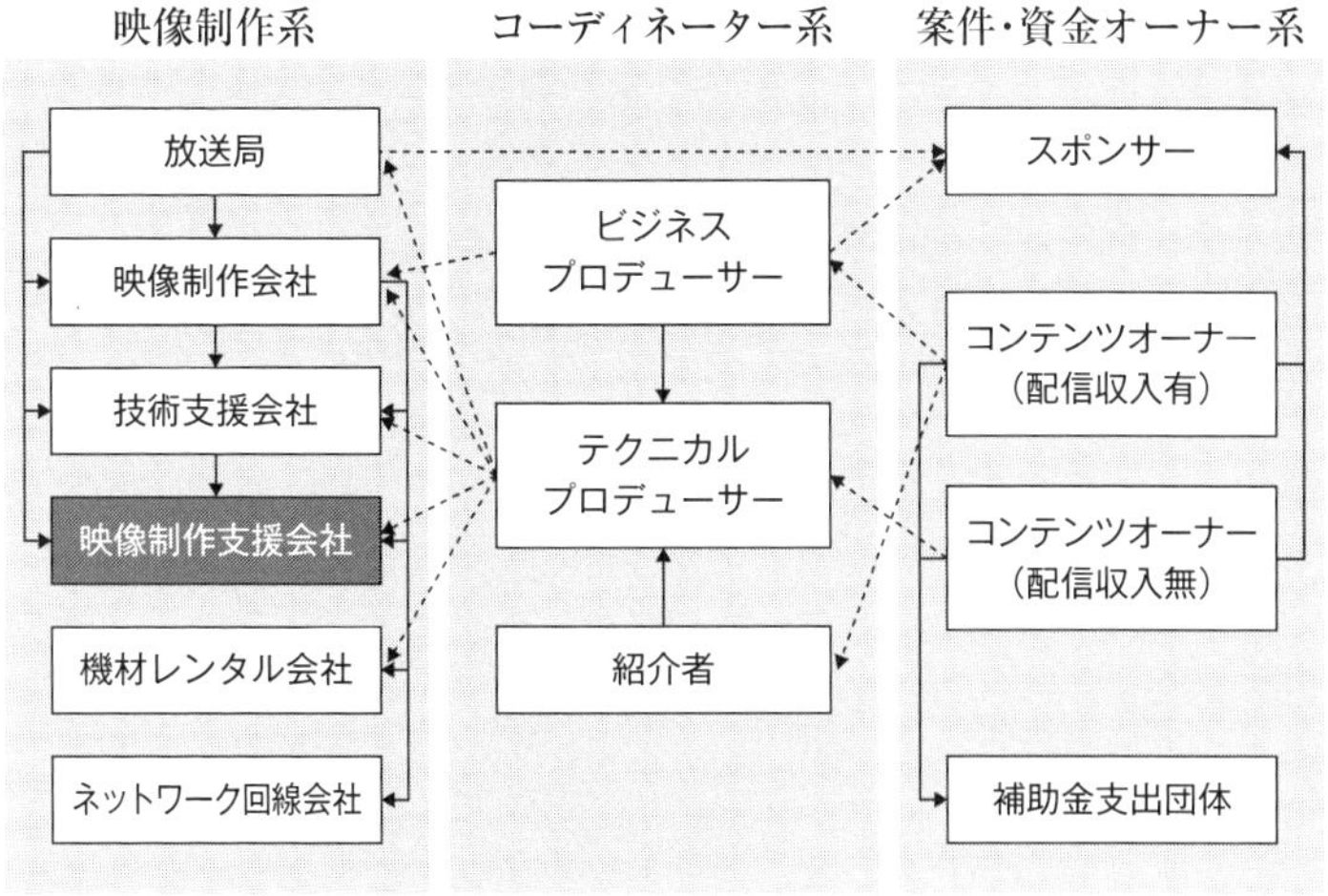

ハード販売の限界を感じる中で、ソフトウェアベースのプラットフォームを核としたクラウドサービス事業の開始を決定した。映像制作に必要な各種機能を有するプラットフォームをクラウドベースで提供し、データの送受信や映像の加工・編集作業をIPネットワークを用いて実現することで、リモート環境での映像制作業務や配信業務を可能とするものである。顧客はリモートで業務を行えるだけでなく、映像制作に必要な設備投資や制作にかかる費用を低減できる。新しい映像制作・配信の世界を提供するという、革新的なサービスを目指した事業である。

しかしながら過去よりハード販売を行ってきたことにより、販売代理店やテレビ局などの販売チャネルは保有していたものの、ＰＯＣ（Proof Of Concept　実証実験のこと）を実施していく中で産業構造が非常に複雑であり、既存の販売チャネルの延長線上では事業を進められないことが分かり、産業構造の分析を実施することになった。

図１－１は数十回のＰＯＣを実施する中で見えてきた、多数のプレーヤーが複雑に絡み合う業界の多様な座組みを整理したものである。なおここでリマインドしておきたいのは、この分析自体が重要なのではなく、そこからいかに最適な仮説を導き出すかである。当然のように思われるかもしれないが、分析したことに満足してその後の検討が不十分であるケースが多々見受けられるのだ。人事職能の皆さんは分析結果の説明を聞いて鵜呑《うの》みにするのではなく、そこから導き出された仮説が本当に腹落ちできる仮説なのかという観点で、担当事業の戦略を理解することを心掛けていただきたい。

分析結果に戻ろう。詳細は割愛するが図中の矢印は、矢印の方向に、あるプレーヤーが他のプレーヤーにアプローチすることを示している。このように整理したことで分かってきた事実は下記の２点である。

①左側の映像制作系のプレーヤー集団と右側の案件・資金オーナー系のプレーヤー集団

は、何らかの形で中央のコーディネーター系のプレーヤー集団を仲介にしてサービスの授受を行っている。例外はあるにせよ、基本的には映像制作系の集団と案件・資金オーナー系の集団とはほとんど直接繫《つな》がっていない。

②各集団内には多くのプレーヤーが存在する。その形態が多種多様であるとともに、その集団内で役割を分担している。また1プレーヤーが日常的に関係するプレーヤーは限定的である。

これらの事実から採るべき方向性として以下の仮説が導かれた。

それぞれの集団において特定の企業あるいは個人と密接な関係を持つことは、それ以外のプレーヤーが競合となるリスクがあり適切ではないだろう。それよりもできる限り多くの映像制作系の集団、コーディネーター系の集団と緩やかな関係性を構築することが望ましいのではないか。よって特定プレーヤーとの提携やM&Aなどの垂直統合を目指すのではなく、映像制作系の集団、コーディネーター系の集団のそれぞれで、例えばアライアンスのような緩やかな関係性構築が得策であろう。この仮説に基づいて皆で腹落ちしながら、次のステップとして、アライアンス・プログラムの策定、アライアンス提案の優先順位決定、アプローチのアクションプランなど、具体的な活動計画を立案してゆくことになった。

以上、新規事業を進める戦略・戦術策定の一側面を紹介したに過ぎないが、産業構造を分析することの価値を感じていただけたのではと思う。繰り返しになるが、重要なのは分析自体ではなく、仮説導出からアクションプラン策定のプロセスである。分析から仮説を導き出すロジックが腹落ちできるものなのか、しっかりと見極めることを心掛けていただきたい。戦略を深く理解することは、ゴール達成に向けた活動に最適な人事施策の立案に繋がるものである。

企業の持つ強みを活かす「リソース・ベースト・ビュー」

ポーターの競争戦略が外部環境に着目するのに対し、バーニーを中心に提唱されたリソース・ベースト・ビューは内部の経営資源に着目する。競争の戦略で言及される「差別化」を生み出すのは企業内のリソースであり、ポーターの戦略論の前提になるものだとの主張である。例えば優位なポジショニングを築く場合にも、その仮説を導き出し、実際に行動し実現するのは内部のリソースによるものであり、そこに他社に対する差別化が求められるとする。

バーニーによれば競争優位性を生み出すのは、保有するリソースが、①価値（Value）を有し、②希少（Rarity）であり、③模倣が困難（Inimitability）で、またそれを支える④組織力（Organization）が高い場合であるとされ、それらの頭文字を取りＶＲＩＯと呼ばれている。なるほどと思う一方で、希少で価値があり真似できない内部資源が、希少で価値があり真似できない差別化価値を生むというのは至極当然のことだとも言えよう。

しかしながら自社の内部資源について分析することは、可視化の観点で価値があると思われる。ただポジショニング・ビューで述べたのと同様、分析結果からどのような仮説を立てアクションプランに繋げるのかが重要となる。残念ながら本理論では具体的な方法論についての詳細な言及はなされていない。著者の個人的見解ではあるが、リソース・ベースト・ビューは過去の事例分析に有用な理論であって、未来の戦略や戦術の策定における有効性は限定的だと考える。

一方で、差別化要素を生み出し競争優位に立つための源泉が内部リソースであるという命題は真であると思われる。具体的な方法論が提供されていないということは、視点を変えれば、他社の考えつかない差別化された内部リソースの活用方法を、他者に先んじて創出しやすいということである。個人として組織として最大限のアウトプットが出せるよう、内部資源の1つである人的リソースに働き掛ける役割を、人事職能が担っていることを強く認識していただきたい。
参考までにＶＲＩＯの一要素である組織力（Ｏ）の事例を紹介しておく。新規事業のための組織論は様々あり、例えば企業が新規事業を進めるにあたってはビジネス（Ｂ）、テクノロジー（Ｔ）、クリエイティブ（Ｃ）の３機能を持ち、それらがそれぞれ連関しながら進めるＢＴＣ型が有効だとの提案がなされている。[3] 一方で新規事業を既存事業の組織と完全に切り離して組織化し、独立して進めることが重要だとの主張もある。[4] しかしながらリソースに限りのある中で、これらを両立し得る組織設計は実際にはそれほど容易ではなく、何らかの工夫が必要となる。以下は著者が実際に新規事業を進める際に採用した組織例である。なお組織設計は組織を構成する各メンバーの資質・性格などの個人の特性や、組織を取り巻く周辺環境など、それぞれ個別の実態に合わせて行われるべきものであり、本事例の体制が普遍的に成り立つものではない。

図１－２は当時採用した組織の構造を示したものである。左側は既存事業の組織であり、事業収支を伴うオペレーション部隊（Ｂ）、商品・技術開発部隊（Ｔ）、新規商品の企画部隊（Ｃ）の３つの機能すべてを保有し、それぞれが独立した運営を行う体制とした。一方で新規事業については、右側の事業開発センターに新しい事業で必要となる機能

図1-2 新規事業の開発体制

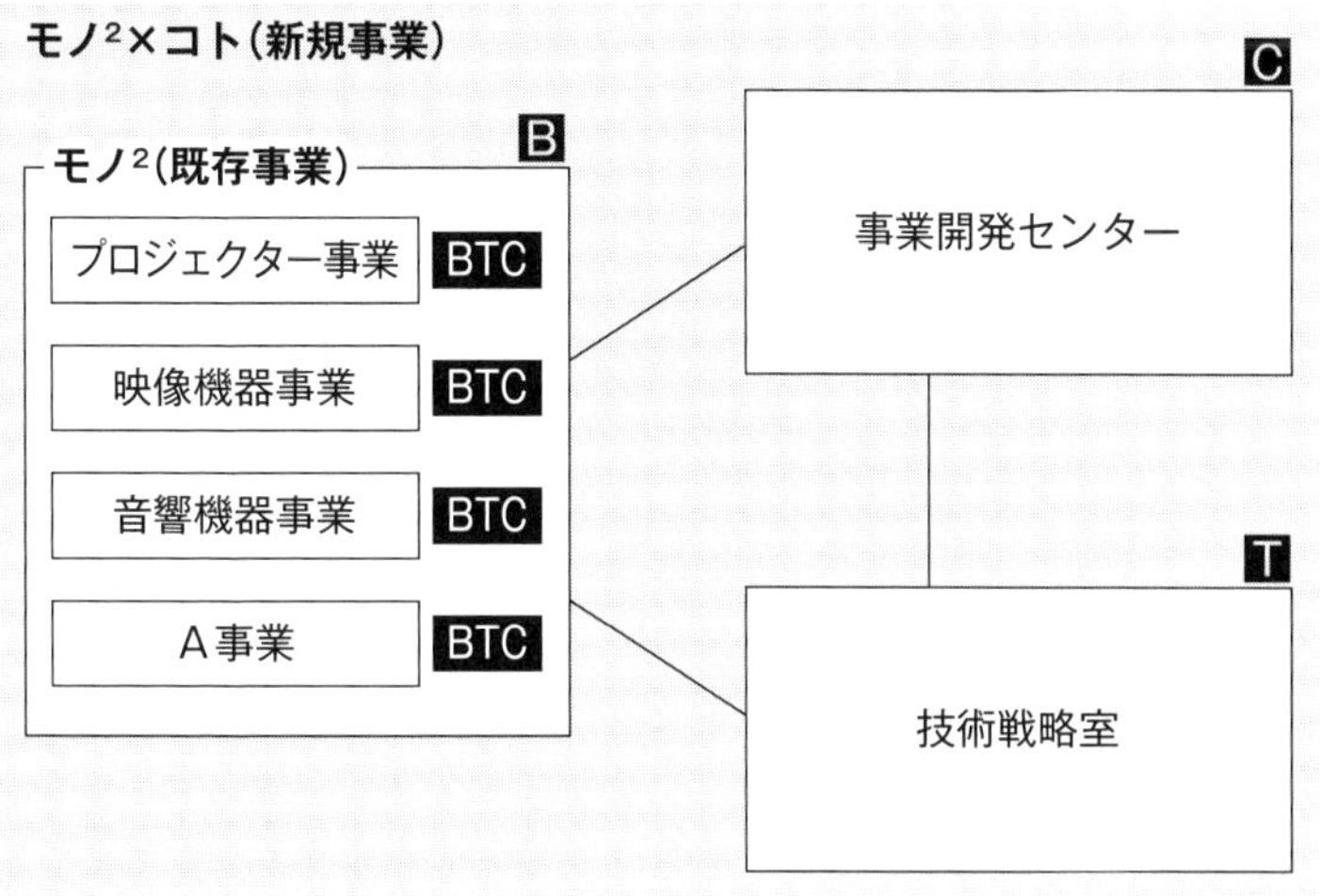

（C）のみを持たせ、要素技術や商品の開発（T）は技術戦略室に、市場に投入した商品の販売活動と収支管理（B）は既存事業部門に持たせる体制を取り、事業部全体が新規事業推進に関わる図に示すような入れ子構造とした。

新規事業推進の組織は、事業企画として戦略や戦術を立案する機能、POCやアライアンスなどの外部窓口機能、また新規に必要となるインフラを整備する機能など、他部署が既存事業の枠組みで対応することができない部分を、すべてカバーするというクッション的な役割を果たしてもらった。体制の改編や、人員の増強、資金の工面など、状況に応じてフレキシブルに対応することをコミットすることで自由度を確保し、完全に独立した組織でないことのやり難《にく》さとのバランスを取った。

事業部全体で一体感を持って新規事業を推進するメリットと、ＢＴＣが分断されることで推進スピードが落ちるデメリットを認識した上でのチャレンジングな体制ではあったが、結果的にこの体制は上手く機能した。それは組織体制の設計自体が優れていたというよりも、各リーダーの個性、リーダー間やトップとの信頼関係、また組織の風土など、組織固有の実態にフィットした体制であったためだと考えるべきであろう。当然体制を決定する際には勝算があるとの思いで判断したが、成否はあくまで結果論である。それゆえこの体制が他の組織に適用できるかどうかの保証はない。

人材の特性や相互の関係性を踏まえたユニークな組織体制を取ることができるなら、それは価値があり、希少であり、模倣され難いものとなる。人事職能が事業戦略を深く理解する必要性はここにも見て取れる。なお新規事業は時々刻々と状況やフェーズが変化するものなので、それに応じて組織を流動的に組み替えてゆく、いわゆるダイナミック・ケイパビリティの向上も人事施策として重要な要素である。

プロダクト・ポートフォリオ・マネジメント（ＰＰＭ）

図1-3 PPM分析チャート

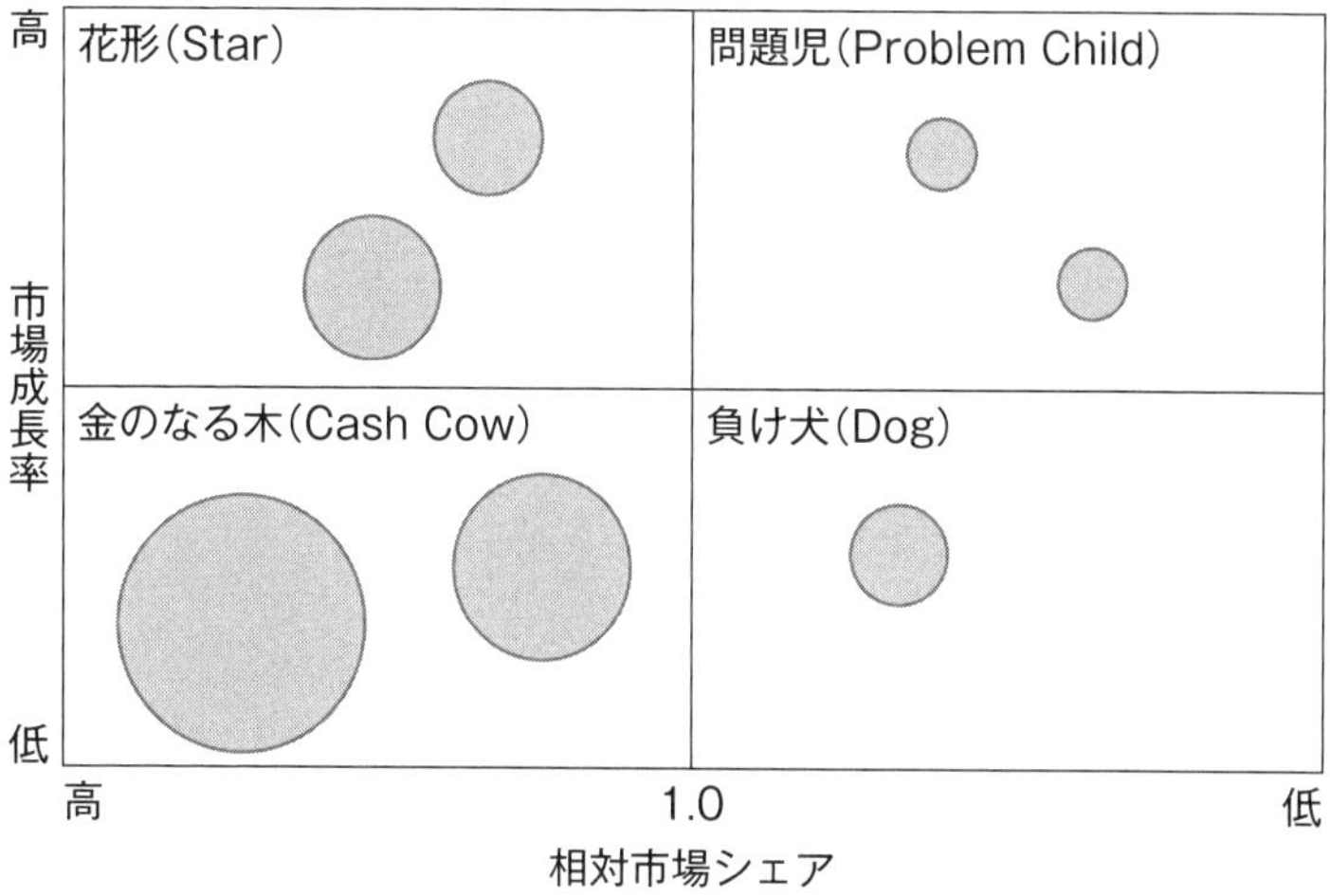

最後にもう1つ、人事施策を立案、推進するにあたり理解しておくべき分析ツールを紹介しておく。戦略策定においては、例えばヘンリー・ミンツバークによって提唱されたSWOT分析など様々な分析ツールがあるのだが、前述の産業構造分析やVRIO分析と合わせ、本節のPPMを押さえておけば当座は事足りると思われる。

様々な分析ツールを知ることよりも、これら3つのツールを用いた思考プロセスに精通することがより実践的だと考える。磨くべきは分析手法の理解ではなく、そこから導き出された仮説や結論を吟味できる能力である。説明されている内容が腹落ちできるものなのか否か、それを判断できる思考の軸を持てば、目新しい分析に遭遇しても、臆することなく腹落ちするまで議論に参加することが可能となる。
ＰＰＭ分析は１９７０年代にボストン・コンサルティング・グループ（ＢＣＧ）によって提唱されたものである。縦軸に市場成長率を、横軸に相対市場シェアを取って、自社の事業や商品・サービスが図のどこに位置するかによって各事業の特性を可視化し、事業の選択と集中を判断するための分析ツールである。

前ページの図１－３において左上が花形（Star）、右上が問題児（Problem Child）、左下が金のなる木（Cash Cow）、右下が負け犬（Dog）と称する象限に分かれている。花形の象限にある事業は、市場の成長率ならびに占有率が共に高いため、激しい競争に晒《さら》されるものの、更なる投資により将来的にも安定した利益を得られる可能性がある事業と位置づけられる。また金のなる木は、市場の成長率が低いため、新規参入が少なく安定した利益が得られる一方で、将来性は期待できない可能性がある事業である。問題児は、市場成長率は高いが占有率が低いポジションであり、現状では競争環境が激しく利益を生み出し難いが、中期的には花形あるいは金のなる木に移行できる可能性があり、投資を継続することの是非を検討すべき事業である。負け犬は市場成長率も、占有率も低い状況にあり、早期に判断して花形や問題児にリソースを集中すべきであるとされる。

図1-4　中期事業ポートフォリオ

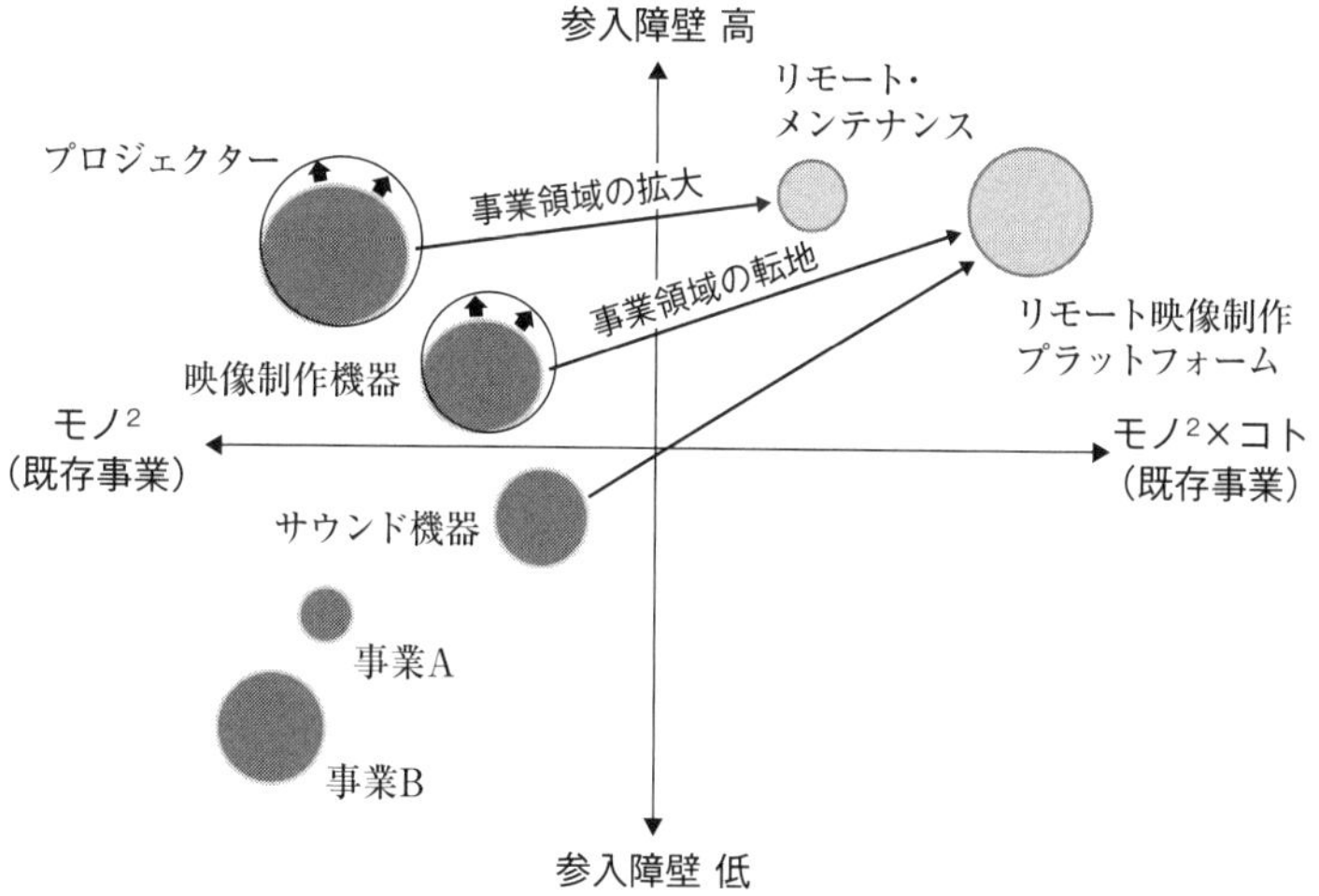

各事業の状況が可視化され、事業の拡大、維持、撤退の判断をする上で強力なツールである一方で、たった2つの指標のみに基づいた単純な分析であるため、それぞれの市場の詳細状況、他事業との補完関係、イノベーションが生まれる可能性などを合わせて検討した上で、最終判断を行うべきである点は留意しておかねばならない。

またPPMが有用だと感じるのは、この分析手法の考え方を応用することで、複数事業の状況を一度に可視化できる点である。縦軸と横軸に適切なパラメーターを設定することで事業体の複数事業の立ち位置を俯瞰できるため、戦略検討のスタートラインに立つことを可能としてくれる。

こちらも著者が過去に担当した事業での応用事例を紹介しておこう。当時の事業体は、プロジェクター機器事業、映像制作機器事業、サウンド機器事業など業務用の映像音響機器の製造・販売を行っていた。縦軸に参入障壁の高さ、横軸に革新性を取り、各事業をプロットしたものが図1－4である。なお円の大きさは販売金額を示している。参入障壁の高さと新規性の評価は、定量的なものだけでなく定性的な情報を含んで示しているため、良くも悪くもPPMより複雑なパラメーターを包含した図となっている。

図1－4は戦略検討の起点とするためのものではなく、事業部の中期的ビジョンを事業部内外で共有する目的で作成された。1つには左側象限に位置する既存ハード事業の方向性について、事業領域を拡大するのか、転地するのか、撤退するのかを示すこと、もう1つは新規事業であるリカーリング系のプラットフォーム事業の位置づけとその確実性を示すことを目的に、プレゼン導入部の1枚として使用したものである。

出発点となる既存ハード事業の各ポジションは、置かれている事業環境に応じて異なり、上部にプロットされたものほど模倣され難く、下部に行くほどコモディティ化しやすい。例えばプロジェクター事業は擦り合わせ要素が大きいことに加え、技術開発による機能進化の余地があり中期的には安定した事業であると考えられた。一方で映像制作機器事業は、現状ではプロジェクター事業以上に高い利益率ではあるものの、主力である撮像機器のデジタル化が進み、参入障壁が低くなるトレンドが見られるのと、プロジェクターとは違い技術開発によるこれ以上の解像度等の基本機能の進化は顧客から求められておらず、事業の寿命はプロジェクターほど長くないと考えた。また事業A、事業Bは、差別化要素が小さいこともあり事業の寿命を迎えつつある。

左象限だけを見れば、当面従来の延長線上で安泰なのはプロジェクター事業のみであり、他の4事業は早期に何らかの経営判断が必要となる。中期的な方向性として、プロジェクターは事業領域の拡大を、他の4事業は事業転地あるいは撤退を検討すべきである。右側象限はその中期的事業の方向性を検討した結果である。リモート・メンテナンス事業は多数のプロジェクターを使用する顧客に対し、機器の健康状態と投影映像の品質状態をネットワークにより集中化して、より簡便な維持管理を可能とするサービスを提供するものであり、既存顧客をターゲットとして事業領域を拡大してゆくというコンセプトで進める。

一方コモディティ化の進む映像制作機器の事業については、前節の事例で紹介したように、クラウドプラットフォームによる低コストかつリモート環境での映像制作サービスの提供を主軸とする事業への転地を図る。既存のハードウェアはエッジデバイスとして、機能進化を目指すのではなくプラットフォーム事業を支えるハードとしての位置づけに変更し、開発ロードマップを見直した上で販売を継続する。ハードウェア事業については新規事業とのシナジーが見られない場合は撤退も視野に入れて進める。他の事業の方向性については、戦略議論が本論ではないのでここでは割愛する。

このようにＰＰＭ分析はそのまま使用されることもあるが、縦軸と横軸を適宜選びながら、分析あるいは説明等に活用することができ、中期的なすなわち事業のダイナミクスを可視化するためのツールとして有効である。ただ前述したように２つのパラメーターで単純化されたものであるため、それだけで仮説の確からしさを説明することは難しい。ポートフォリオ図での説明を受ける場合には、その他の情報を合わせて確認し、その内容を吟味せねばならない。

理論の適用範囲には限界がある

戦略理論の二大潮流であるポジショニング・ビューとリソース・ベースト・ビューを見てきた。前者は外部の競争環境、後者は内部の経営資源にそれぞれ着目した戦略理論であり、戦略策定においては両者を同時に意識して進める必要がある。一方で両理論ともに適用範囲には限界がある。

1つは両者ともに静的な理論であるということ。これらは世界が安定していた状況下で研究された理論であり、環境変化が激しく不確実性の高いシュンペーター型の競争環境が多くなったハイパーコンペティションの時代には適用が難しい。半年から1年掛けて策定した事業計画や中期計画が、出来上がった時にはすでに環境が変化していて軌道修正が必要なことはよくある話だ。精度の高い超大作を作成するのではなく、現時点における1ショットを切り取ったものとして活用しながらアジリティ高く修正を掛けてゆくことが望ましい。リソース・ベースト・ビューも同様に、環境変化に応じてＶＲＩＯを改変してゆく必要がある。現状分析から仮説導出までの距離感が遠く、使い勝手の悪さはあるが考え方はポジショニング・ビューと変わらない。

もう1つは両者ともに現状を可視化するための分析ツールであり、イノベーションを創出するための方法論ではないという点である。イノベーションに限らず、新たな価値や次の打ち手のアイデアは、それらの分析を基に人や組織が生み出すものである。各種フレームワークで行われた分析はある意味スタートラインに過ぎず、新たな価値の創出は人や組織によるものである。人的リソースに対し、どのような施策を講じるのか、企業のゴールの実現における人事職能の責任は重大である。

1 M・E・ポーター、邦訳『競争の戦略』（ダイヤモンド社、1995）

2 J・B・バーニー、邦訳『［新版］企業戦略論（上）基本編』『［新版］企業戦略論（中）事業戦略編』『企業戦略論（下）全社戦略編』（ダイヤモンド社、2021）

3 田川欣哉、「第四次産業革命とデザインの役割」（2017）
https://www.meti.go.jp/committee/kenkyukai/sangi/sangyo_design/pdf/004_s01_00.pdf

4 チャールズ・A・オライリー、邦訳『両利きの経営（増補改訂版）』（東洋経済新報社、2022）

第二章

組織進化とイノベーションの創出

現代企業における人と組織の重要性

第一章では戦略理論の二大潮流を見てきた。それらは持続的に新しい価値を生み出すためのツールであり、1つは業界の産業構造を、もう1つは内部経営資源を分析するフレームワークを提示してくれることを理解いただいたことと思う。その一方で現代のVUCAと呼ばれる環境下においては、その適用範囲に限界があること、またイノベーションのような新たな知を創出する方法論には言及していないことも説明した。

概ね現代企業に求められることは、著者の経験則も踏まえ、

①VUCAな状況下で、最善、最適な判断、決断を下すこと
②イノベーション創出を継続して連打すること

この2つに集約されると言っても過言ではないだろう。だがこれらが必要とされる中、なぜ人や組織が重要視されるのか？　多くの経営者や組織責任者の方々が、経営に重要なのは人であり組織であると感じていることと思われる。これから様々な議論を進めてゆく

前に、今一度立ち止まり、改めてそれらの重要性について考察しておくことは決して無駄ではないだろう。その内容の正否は読者の判断に委《ゆだ》ねるが、少なくとも頭を整理するきっかけとなることを期待して議論を進めてゆくことにする。

さて前記の①と②を実践するために、既存の知識や情報が必要となるが、情報化社会の現代においては、それらの多くは誰もが容易に入手することができる。ただ、変化が激しく、不確かで、複雑かつ曖昧なＶＵＣＡの状況で、適切な判断を行うには、それらの知識や情報を有しているだけでは事足りない。

例えば価格競争において、他社が価格を下げた場合、自社はどうするのか？　現状維持なのか、他社に合わせるのか、他社の価格を潜るのか。現実には、自社の動きに対する市場の反応や他社のリアクションを予測することは極めて困難であり、そのような中で担当者は価格決裁を起案し、上司が確認し、事業場長が決裁する。関係する誰もがＶＵＣＡの中でそれぞれ判断・決断を行わねばならない。

また他社と差別化できる商品やサービスを生み出す場合にも、誰もが容易に知識や情報を入手できる状況においては、同様なアイデアが多く出るだろうし、一歩先んじたとして、その優位性を維持することは容易ではない。

もちろん他社の知り得ない知識や情報を得ることは重要であり、それらを有効活用することで、他社に対する差別化、優位性を確保することは目指すべきである。しかしながら、むしろ継続してイノベーションのような革新的なアイデアを「連打」するとか、また日常業務における効率化や低コスト化などのオペレーション面、機能や品質などの商品・サービス面での小改善（小さなイノベーション）を「連打」する日々の基本動作がより重要であると考えられる。

図2－1に示すように、単純に知識や情報があれば、判断や決断、知の創出がなされるのではなく、そこには必ず人が介在する。人がいかに知識や情報を調理し、美味しい料理をアウトプットするかである。これこそが企業の経営活動において人の存在価値であり、特にVUCAな環境における最善、最適な判断・決断や、知の結合であるイノベーションは、人抜きには語れない。

知識や情報は人やAIに入力され、処理された後に、判断や決断、新たな知の創出として出力される。AIについては専門書に譲るとして、ここでは人が知識や情報を入力し、処理し、何らかのアウトプットを出力するプロセスをもう少し掘り下げてみよう。

まず人が知識や情報をインプットすることは、自身の感覚器官を通じて行われる。目による視覚、耳による聴覚、鼻による嗅覚、舌による味覚、皮膚による皮膚覚（触覚、圧覚、温覚）、や脳前庭神経の平衡覚《へいこう》、半規管による回転覚、これらの感覚器官（＝入力器

図2-1　人と組織による情報処理プロセス

すべての情報や知識は、
入力：①人間の**入力器官（感覚器官）**から脳にインプットされ、
出力：②**脳で思考**する。また③**人との相互作用により閃き**が生まれる。

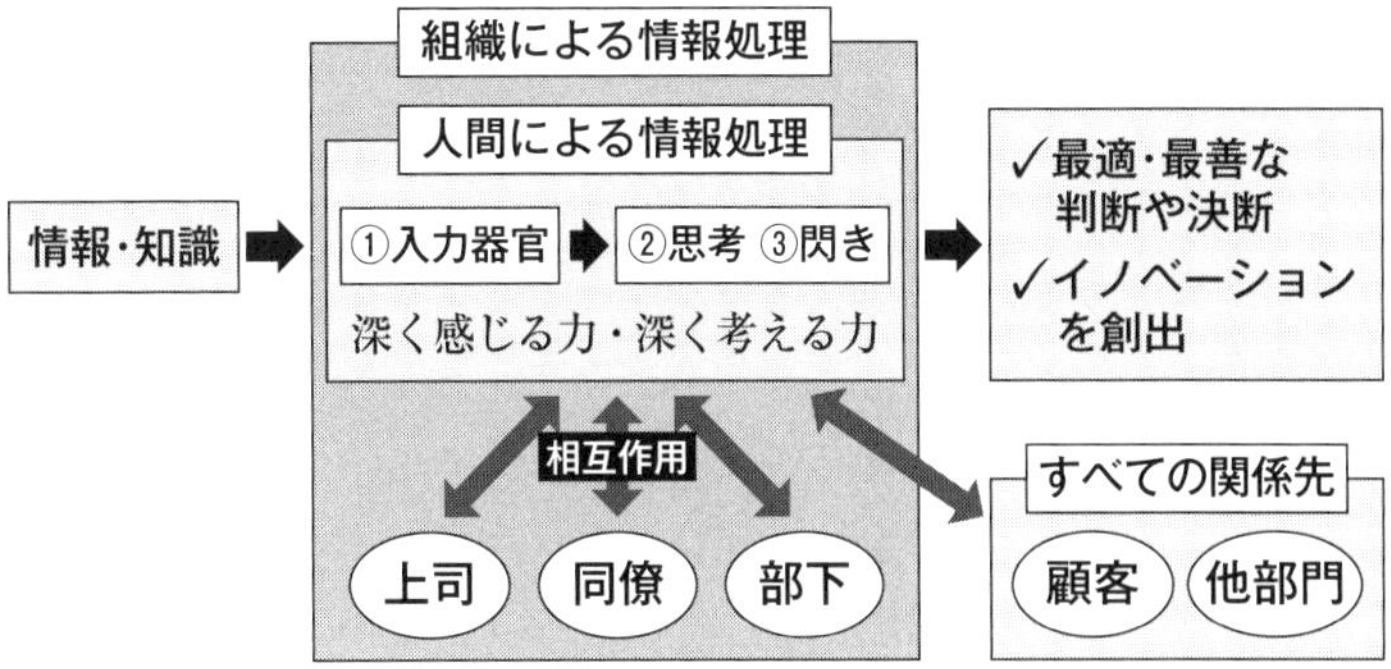

官）によって人は情報を自分の中に取り込む。逆に言えば、これ以外に自分の中に知識や情報を取り込む手段はない。

次に取り込まれた知識や情報は脳の中にある、過去に得た知識や経験を活用しながら考え、また閃《ひらめ》くというプロセスを経て、最終のアウトプットとなる。なお閃きは、図に示すように、組織内外の人たちから刺激を受け、相互作用することでより生まれやすくなる。可能な限り多様で、多くの思考の軸を持つこと、また実体験を通じて得られた実践知の量と質が、考える・閃くプロセスを支援し、アウトプットのクオリティを左右する。

冒頭の最適、最善と思われる判断や決断、またイノベーションの創出は、この感じる→考える・閃くプロセスによる単純な図式として理解できる。いかに上手に感じ、深く考えるかということである。上手に感じるというのは少しぼんやりした表現だが、例えば、多面的に、多様に、細部まで、また俯瞰的に感じることであり、「深く考える」と対比させ「深く感じる」と呼ぶことにしよう。

情報や知識を用いて科学的、論理的にアウトプットすることは、長期間に渡る学校教育の中で学ぶことができるだろう。ところが冒頭、述べたように、VUCAな状況ですべてが理路整然と説明できる判断や決断できることは稀であり、そこには十分に説明できない「仮説」を生み出す能力が求められる。多くの仮説の下で判断、決断するのだが、それを支援するのは、知識や情報を感度高く入力し、種々の思考の軸から生み出される多様で多彩、多面的な仮説を生み出す能力であり、人が入出力する基本プロセスに立ち返ると、結局のところ「深く感じる」「深く考える」能力だと言える。

昨今注目されているリベラルアーツは、これらを学ぶために有効であると考えられる。例えば美術や音楽、芸能などは「深く感じる」能力を、哲学や倫理学、行動心理学などは「深く考える」能力を養うために有用であろう。ただ別の見方をすれば、本質は「深く感じる」「深く考える」能力を養うことであり、リベラルアーツありきではなく、様々な方法が存在すると言えよう。

例えば幼少期に色々な習い事をさせることもその1つであろう。そしてこれらはビジネスにおいてのみならず、人が生きてゆく上での基本動作であり、人生をより豊かにすることにも繋がるのではないだろうか。個人的には若年層、特に自我が芽生え、ある程度固まる小学校高学年から中学生くらいの時期に、五感など感性を強化することを目的とした教育が効果的ではないかと考えている。

個人の高めるべき能力とその方法論についてはそれぞれ第三章、第五章にて詳述するが、その前に本章では、人が深く考えること、また閃きが生まれることを、組織が支援し加速すること、また組織が進化することについて議論してゆきたい。組織進化のメカニズムを理解いただくことで、個人が「深く感じ」「深く考える」能力を研鑽する必要性をよりスムーズに理解いただけると考える。

例えば第一章の方法論を用いて得られた分析結果やその他の情報を使って、人や組織はどうやって知を創造するのか？　単発ではなく継続して知を創出し続けるために組織はどのように進化すれば良いのか？　組織進化のメカニズムを紐解きながら、知の創出の方法論について解説してゆきたい。

組織進化のメカニズム

近年組織論に生物学的見地を持ち込んで、組織進化を説明しようとする試みがなされている。まずはそれら理論の紹介とともに、より納得性の高い形での再解釈を加えて、組織が進化するとはどういうことかを議論してゆこう。

ポール・R・ローレンスとジェイ・W・ロッシュはコンティンジェンシー理論にて、組織は環境変化に適応するように形を変えてゆくことで、その時々の環境に適合しながら成長すると提唱した。一方でM・T・ハナン、J・フリーマンは組織エコロジー理論にて、組織が環境変化に適合して生き残れるのではなく、たまたまその環境に適した組織が生き残れる、また組織のDNAは変えることができないため、すべての組織には環境変化にともなう寿命があると主張した。一体どちらがより的を射ているのだろうか。ダーウィンの自然選択説をより直接的に組織に適用しているのは後者であろう。ただし本理論では組織の本質（DNA）は変わらないという前提に立っており、組織を個体として捉えている。

しかしながら組織の進化を議論するのであれば、組織は「個体」ではなく「種」と考えるのがより適切なアナロジーではないだろうか。組織は様々なDNAを持つ個体（人）から成る「種」であり、個体（人）が入れ替わることで変化することができる。生物学的進化論では偶発的に起こる突然変異によって種が変化するとされるが、組織論における変化は意思を持つ能動的なものとして捉えるべきであろう。この考え方に基づけば、コンティンジェンシー理論の主張するように組織は意思を持って環境に適応すべく能動的に変化できるものであり、組織エコロジー理論は、意思を持って変化した組織の中から、環境がそれに適した組織を選択すると再解釈すべきである。

組織には意思があり、環境変化に適応するために内部人材の配置替え、外部人材の招聘、体制の変更など自らの意思で組織形態を変化させてゆく。そしてその変化が環境変化にタイムリーに追随し適合できる組織は生き残り、変化が遅い組織は生き残れない。組織はその生き残りを賭けて、能動的に自らを進化させてゆける存在なのだ。

It is not the most intellectual of the species that survives; it is not the strongest that survives; but the species that survives is the one that is able best to adapt and adjust to the changing environment in which it finds itself.

（最も賢い種が生き残るのでも最も強い種が生き残るのでもない。自身のいる環境の変化に最も適応、調整できる種が生き残るのである）

ビジネス書等で紹介されているこの言葉は、実際にはダーウィン自身ではなくアメリカの経済学者レオン・C・メギンソンが『種の起源』を独自解釈したものである。[1] ビジネス的に示唆に富む名言だと思うが、ダーウィンの自然選択説をそのまま記述するのであれば、種には意思がないのでadapt（適合する）ではなくfit（たまたま適合している）がより的確な表現であろう。しかしながら先に議論したように「組織進化は生物の進化論のアナロジーで語ることができるが、種が意思を持たないのに対し、組織は意思を持つことができる」とメギンソンが直観したことにより、この名言は生まれたのだとも言えよう。

第一章でリソース・ベースト・ビューを静的（static）な環境を前提とした理論として紹介したが、経営環境は時々刻々と変化するものであり、昨今ではそのスピードが加速し、またその変化の予測も困難である。このような動的（dynamic）に変化する環境に適応するよう自組織を変化させてゆく能力はダイナミック・ケイパビリティと呼ばれ、企業がサスティナブルであるための重要な要件と言われている。

このダイナミック・ケイパビリティには、短期的に変化させる能力と中長期的に変化させる能力の2種類があり、両者ともに企業がサスティナブルであるために必要な能力であると著者は考えている。環境が急激に変化した際には、当然存続を賭けたドラスティックな施策を取らねばならないが、長い時間を掛けながら徐々に変化させてゆく、正に進化と呼ぶべき日常的な取り組みも同様のレベル、いや、それ以上に重要である。

このように組織を変化させる能力や取り組みに2種類あることを、頭で理解されている経営者やリーダーは少なくないとは思うが、限られたリソースで短期的な成果を求められる現実に相対してしまうと、どうしても中長期的に効果が現れる取り組みへの優先順位は下がりやすい。またありがちなのは、人材開発や組織風土・文化を変えてゆく方向性を打ち出し、キャッチーでシンボリックな活動を開始したものの、効果が現れる前にトーンダウンしてしまうケースである。トップが心底から腹落ちし、モティベーションを維持して継続することはマストであり、人事職能はトップにそれを要請、支援し続けることが肝要である。

さて前置きが長くなってしまったが、本章におけるフォーカスはドラスティックな人や組織の改変ではなく、時間を掛けながら進める中長期的な観点での組織進化のプロセスについてである。それは冒頭で述べたように、環境変化に対応しながら継続的に新たな価値を創出できる組織であり続けることである。それにはまず日常的に組織がどのようなプロセスで新たな価値を創出しているのか、基本に立ち返って考えてみる必要がある。

第一章で紹介した完全競争の4条件の1つに情報がすべて開示されているというものが

あったが、現実にはすべての情報を入手することは不可能である。そもそも必要な情報が何なのかを明確にすることすら容易ではない。人や組織は限定的にしか情報を得られないし、完全に事象を認識することも予測することもできず、そのような状況の中で、最適と思われる判断をせざるを得ない。限定的な情報を基に、ある仮説を立てて行動し、それによって得られる結果や新たな情報を仮説と比較検証し、元の仮説に修正を加えながら再び行動する、いわゆる仮説→検証プロセスの繰り返しによって組織を進化させることは、サスティナブルな経営活動の基本サイクルであり、どの企業も多かれ少なかれ実践しているプロセスである。

この基本サイクルの質を左右する2つの要素があり、その1つは仮説を立てるプロセスにおいて新たな知を組み込むことである。ここで言う知は価値を意味しており、それらは知の深化と知の探索という2つの手段で生み出される。前者は組織内部にある既存の知を深く掘り下げることで新たな価値を生み出すことであり、後者は外部に知識を求め、既存知と組み合わせることで新たな価値を生み出すことである。これらについては次節にて詳述する。

もう1つは成果に対するフィードバックである。行動の結果得られた成果に対してどのようなフィードバックを掛けるのかが、基本サイクルの質やスピードを決める。例えば得られた成果が期待通りであった場合、組織のメンバーが満足するのか、あるいは慢心してしまうのか？　さらに高い目標設定に対して、それに鼓舞されてモティベーションが上がるのか、あるいは辟易《へきえき》してモティベーションが下がってしまうのか？　フィードバックの掛け方次第でプラス方向にもマイナス方向にも振れるものであり、行動の質のみならず、新たな価値を生むための活動である知の深化や探索の質や量にも影響する。

これは期待された成果が得られない場合にも同様であり、いかに組織のモティベーションを維持・向上させて進化のサイクルを維持・加速させるかはフィードバック次第である。このフィードバックは組織のリーダーの重大な役割の1つであり、これについては次章にて詳述する。

まとめると、組織が進化するためには、仮説→検証という経営の基本サイクルにおいて、①知の深化・探索活動により新たな知の創出を加速すること、②組織の活動が正のサイクルで回るようリーダーが適切なフィードバックを掛けること、これら2点を実践することである。なお基本サイクルがサイエンス的だとすれば、これら2点はよりアート的な行動様式だと言えよう。

知の深化と知の探索

仮説→検証プロセスにおいて、実際に行動することにより得られる情報も新たな知の1つではあるが、ここではより能動的な知の創出について述べる。前述したように知を生み出す方法には2種類あり、1つは知の深化と呼ばれるものである。これは既にある情報、既知の知を深く掘り下げることで新たな知を生み出す方法であり、例えば技術職能が現在の技術を深掘りすることで新しい機能を持つ商品やサービスのアイデアを創出するものである。内部での議論が主体となるので、経済的、人的、時間的なコストは比較的低く、また成果に繋がる確実性も高い。

もう1つは知の探索である。こちらは外部から新しい情報を入手し、新たな知の創出に活用する方法であり、情報入手の手段は多岐に渡る。どの情報が知の創出、ひいては成果に繋がるのかは不確実である。またリソースコストも高くなり、前者と比較した場合、特に短期的な投資効率、効果は期待できない。

新たな知は既存の知の組み合わせ、あるいは新しい解釈によって創出されるが、2つの方法において、知の深化に頼るのみでは新しい価値の創出に限界が来るのと、また既存価値の延長線上となりやすく、イノベーションのような大きな変化を起こすアイデアは生まれ難い。例外はあるにせよ、バブル崩壊後の「失われた30年」において日本の多くの企業は知の深化に偏り過ぎたのではないだろうか。持続的な価値の創出のためには知の探索が必須であるにも関わらず、企業の成長が鈍化することにより、より低コストで短期的成果を出すための知の深化に偏り過ぎてしまった。一度陥った負のサイクルから抜け出すことは難しく、低成長が長期化していることはある意味必然かもしれない。

以上のように組織が正常進化するためには短期的な効果が期待できる知の深化と、中長期的な効果を期待する知の探索の両者をバランス良く行う必要があり、それを実践することは「両利きの経営」と呼ばれる。[2] 現実を見た場合、役割や職種によってその適正バランスは異なるが、経営者は知の探索のみを、技術者は深化と探索を1：1にて、というように単純に割り切れるものではない。例えば製造職能が知の深化に特化したオーガニックな改善活動だけでなく、多関節ロボットやAIによる画像認識、デジタルツインの導入など知の探索によって外部から情報を得て、新たな価値を製造工程や商品に加えることも重要であろう。経営活動に携《たずさ》わるすべての職能が両利きの経営を実践する必要があり、そのバランスは事業の置かれた環境を見極めた上で適切に配分されるべきものである。

知の探索についてもう少し掘り下げておこう。知の探索における外部との関わり方には、産官学連携、他企業連携、第三者機関との連携などの特定集団との継続的な関わりと、展示会・セミナーへの参加、あるいはオンオフのソーシャルネットワークのような不特定多数とのスポット的な関わりとがあるが、ここでより良好な関係性を構築するために参考となるエンベッドネス理論を紹介しておく。

マーク・グラノヴェターによって提唱されたエンベッドネス理論は、カール・ポランニーの「埋め込み」の概念を再解釈したものである。[3] ここでは知の探索に関連させて紹介するが、エンベッドネス理論は経営活動における他者との関係性すべてを対象とした理論である。よって知の探索のみならず、人と人、集団と集団の関係性のあり方において参考になるものとして読み進めていただきたい。

グラノヴェターは「経済行為は社会構造に埋め込まれている」と考えた。平たく言えば、商取引などの経済活動は、社会という枠組みの中の一部であり、周辺の影響、例えば同じ文化圏なので価値観が類似しているとか異なるとか、制度によって支援されているとか制限されているとか、社会的に認知された信頼できる集団だとかそうでないとか、非経済的なものを含めた「社会」という箱の中で行われるものであり、決してビジネス論理による関係性のみで行われるものではないとした。

例えばコンプライアンス遵守は言わずもがなとして、他企業との連携を模索している中で経営数値や技術力などの経営状況が全く等しい場合に、うち1社とはビジネス外のコミュニティ活動でその経営者の「人となり」を理解していることが判断に影響を与えるとか、カーボンニュートラルで政府が補助制度の施行を発表した際に、開発の方向性に修正を掛けるなど、これらに類するケースは少なくないのではないだろうか。なお当然ながらこれらの非経済的な枠組みは、活動に対して支援的に働く場合も、制限的に働く場合もある。

これらの中で特に2者間の取引においては、ドライな関係とウェットな関係が適度にバランスした関係性が望ましいとされる。

前者はアームズレングス・タイズ（ties：結びつき）と呼ばれ、これは利益とコストを重視するビジネスライクな短期的な関係性を指し、後者はエンベッデッド・タイズと呼ばれ、個人的な関係も含み長期にわたり、繰り返し関係を持つ密接な関係を指す。前者は合理的、利己的である一方でしがらみなく新しい他者との取引関係の構築、新しい情報や機会にアクセスでき、後者は相互信頼に基づく情報共有や連携した問題解決ができる一方で閉鎖的なネットワークとなり、新しい情報や機会から切り離されるリスクがあるのだが、これらの関係性において両者を適正なバランスで有する混合型が好ましいとされる。他者との関係性はビジネスライクなだけではなく、適度に密接であることは経済活動にプラスに働くのである。

議論を知の探索に戻すと、他者と連携した知の探索活動を行う場合にも、単なるビジネスライクな関係性のみでなく、より総合的に相互理解が進んだ関係性を構築することが、中長期的かつ持続的なWin-Winな関係になると言える。一例として産学連携のケースを考察しておこう。

産学連携においては、それぞれの目的とするところが異なるため、より良い関係性の構築のためには、位相をしっかりと合わせる必要がある。大学の企業に対する期待は、共同研究による価値の発見・創出に加え、研究費用と学生の就職先確保がある。逆に企業側から見れば、共同研究による成果のみならず、優秀人材の確保を期待している。こうして見るとお互いの期待はほぼ一致しており、良い関係性が構築できる土壌はある。

自社の事業と親和性の高い研究室と、単に共同研究という関係性のみならず、インターンシップ制度の導入や相互の知見の共有活動、従業員と研究室学生との交流など、より密接な関係性を構築し、人と知がシームレスに産学で繋がることで産学連携が加速度的に進むのではないだろうか。その結果、企業から見た場合には、中期的かつ安定した新たな知の創出と、優秀人材の確保が同時に実現できる。新卒採用において出身大学名と履歴書と短時間の面談で選考する手法を否定するものではないが、今後はこのように企業と人、企業と大学ではなく、事業と研究室との関係性構築が有効であると考えられる。なお産学連携については人材開発の観点からも有効であり、第五章であらためて議論する。

知的コンバットする「場」

知の創出メカニズムを紹介する前に、知を生み出すための重要な要素である「場」という概念について説明しておく。

組織が有する既存の情報や知識、仮説↓検証プロセスによって得られる新たな情報や知識、また知の探索によって得られた新しい情報や知識、これらを用いて新たな知（＝価値）を生み出すのは他ならぬ人である。もちろんそれが一人の人間の頭の中から生まれてくる場合もあるが、多くは人と人との対話による刺激が、それぞれの持つ情報や知識に作用することによって新たな知が生まれると考えられる。

会議前には誰も持っていなかった新しいアイデアが、会議中に生まれてくる経験は誰しもあるだろう。そのアイデアがイノベーションのように革新的ではなく小改善であっても、会議前にそのアイデアが存在しなかったのだとすれば、新たな知が人と人が対話する「場」で生まれた、あるいはその「場」が新たな知を生み出したと言って良いだろう。人や組織が保有する情報や知識を、「場」を媒介として相互作用させることによって我々は新たな知を生み出すのである。

特にイノベーションのように革新的で「ぶッ飛んだ」アイデアは、「場」がきっかけになって生み出されることが多いというのが著者の経験的な感覚でもある。哲学の世界ではソクラテスの問答法、ヘーゲルやマルクスの弁証法など、古くより知と知のぶつかり合いが新たな知を獲得するために重要視されてきた。妥協なき議論という点において、これらと相通ずるものがある。

人と対話する「場」は様々あるが、ここで言う「場」は例えば知の深化のような新たな価値を生むための議論する空間と時間を意味する。それがオフィシャルな会議であるのか、ちょっとした立ち話であるのかによらず、妥協することのない知的なディスカッションが行われる時空間を指している。基本ルールとして思ったことは何でも発言して良いとか、相手の意見は否定しないなど会議前に設定されることがあるが、それを字面のまま実行して和気藹々《わきあいあい》と時間が過ぎるような温く緩《ゆる》い場を目指しているのではない。時には他の意見を批判、否定、反論することがあっても良いし、意見が対立し口論となっても良い。自分の中に明確な意見を持った上で、その持論と対比して差異を述べる発言であれば何ら問題ない。むしろ大歓迎である。

SECIモデルで高名な野中郁次郎氏は、この知的議論を戦わせることを知的コンバットと称している。[4] ただしそれは、持論を平行線的に主張し合うのではなく、何らかの共通解を見出そうとするマインドセットが根底になければならない。弁証法で止揚《しよう》（アウフヘーベン＝二つの対立する命題からより高次の命題を生み出すこと）と呼ばれる概念である。

意見の対立よりもさらに重要であるのは知的刺激である。相手の発言によって、自分の脳に記憶された知識や情報、さらには忘れ去られていた記憶が刺激され、持論の次元を上げる、あるいは新しい考えを閃かせることである。これらを相手と共有することで今度は相手の脳を刺激する。このように相互に刺激し合いながら知的コンバットを行うことが新たな知の創出に繋がる。

知的コンバットの場は「真剣勝負的」な場でなくてはならないのだが、その前提となるのは相互の信頼関係であり、前節のエンベッドネス理論で述べたアームレングス・タイズとエンベッデッド・タイズの混合型の関係性が基盤となる。それゆえ良質な場のムードの構築にはそれなりの時間が必要となる。このような良質な場をいかに数多く持てるかは組織進化の重要な鍵の1つである。良質な場については第六章にて議論するが、例えば場の構成メンバーが他者の意見を傾聴し、自分の意見を正確に伝えるコミュニケーション能力を有している場や、テーマを様々な視点から見られるよう多様なメンバーで構成される場である。知を創出するためには良質な場を数多く持つことであり、それこそが企業が人材開発、組織開発に投資する最大の目的でありそれぞれ第五章、第六章にて詳述する。

次節以降では具体的に知を創出する方法論である野中氏のＳＥＣＩモデルを紹介するとともに、著者の実際の経営経験に基づいた知の創造プロセスとしてＤＩＣＥ[3]モデルを紹介してゆく。

知を創造するメカニズム「ＳＥＣＩモデル」

戦略理論に基づいた産業構造や経営資源の分析結果、組織の保有する既存の知識、知の探索によって外部から得られた新しい知識、これらの情報を用いていかに新たな知を生み出すか。野中氏のＳＥＣＩモデルは、人と人とが相互作用することにより、組織として新たな知（価値）を創出するメカニズムを説明するものである。

ＳＥＣＩモデルは下記４つのプロセスが循環することにより、新たな知を継続的に生み出し続けるというサイクリックなモデルである。

①共同化（Socialization）

個人や組織の暗黙知をメンバーと共有するプロセス。個人の経験知や技能などを共有することは容易ではなく、何らかの形で実際に共通体験をすることでメンバーが各々の暗黙知とすることができる。（暗黙知→暗黙知）

②表出化（Externalization）

共有化された暗黙知をメンバー間での対話や思考を通じて言語化するプロセス。言語化にはコンセプト化、モデル化、アナロジー、メタファーなど様々な形が取られる。（暗黙知→形式知）

③連結化（Combination）

表出化された複数の形式知を組み合わせることにより、新たな知識体系を生み出すプロセス。（形式知→形式知）

④内面化（Internalization）

新たに得た知識体系を実際に行動として経験することで、個人や組織が新たな暗黙知を獲得するプロセス。（形式知→暗黙知）

知の創出は、体得された個人や組織の暗黙知をメンバーと共有（S）し、それを基に人と人が全人格的な知的コンバットを行うことで、組織の形式知として表出（E）する。またそれらを連結することで組織の知識体系として構築（C）し、実際に行動することで新たな知を個人や組織が獲得（I）するというモデルである。本モデルにおいて特に重要視されるのは「知的コンバット」である。これは深い相互理解、信頼関係の上に成り立ち、時には論争に近いレベルで、自分の人格、理念を掛けて議論するということである。先にも述べたが、明るく楽しい環境でリラックスしながら思い付きを述べ合うようなフワフワした意見交換会とは一線を画したものである。例えばプロダクティビティ・ロスが大きいとされるブレスト等は、新たなアイデアを生むのには向かない。

ＳＥＣＩモデルは組織の知が、暗黙知から形式知、形式知から暗黙知の変換プロセスを通じて生み出されるとする非常にユニークで興味深いモデルだと思われる。しかしながら、ある暗黙知を表出化のプロセス（E）で形式知化した後に、連結化のプロセス（C）で結合することによって組織の形式知となるメカニズムは、私見ではあるがあまり腹落ちしない。

１つの暗黙知→１つの形式知→結合された新たな知の創出というステップを踏むようなメカニズムではなく、様々な暗黙知が対立、融合、結合しながら１つの新たな形式知が生まれると考える方が著者の経験上はしっくりとくる。イノベーションは既知の知と既知の知の組み合わせであり、それは知の連結（C）と言えるのだが、連結されたものを新しい価値として再解釈、再定義することにこそイノベーションの本質があるとすれば、表出化と連結化のプロセスを再考察すべきではないだろうか。新たな知の創出はシーケンシャル的ではなく、もっとダイナミックなメカニズムで起こるものだと考えられる。

「場」によるイノベーション創出のメカニズム「DICEモデル」[3]

本節にて紹介するDICEモデル[3]は、著者が過去経験してきたイノベーション体験に基づいた知の創造モデルである。SECIモデルのコンセプトをベースにしながら、哲学の1分野である現象学の考え方を取り込んだものであり、イノベーションは「人」ではなく「場」が生み出すものであることを基本原理としている。

イノベーションが生まれる確率は低い。数多《あまた》あるベンチャーやユニコーンが提案するアイデアのうち、イノベーションと呼び得るものの比率がどの程度あるかを考えても、それほど簡単に生み出されるものではないことは明らかである。ところが現代企業がサスティナブルに存在し続けるためには、イノベーションを連打することが求められている。生み出すことが容易ではないイノベーション、それを連打するなど困難極まりないテーマではあるが、確率論で考えることで解決への糸口が見えてくる。

例えばサイコロで6の目を出したいのであれば、何度も振っていればいつかは6の目が出る。複数回出したいのであれば、出したい回数のその6倍の回数振れば良い。同様にイノベーションが「場」によって生み出されるとするならば、生み出したい数に必要なだけ「場」の数を増やせば良いのである。多様性に富み、様々な思考の軸や知見・経験を持った人達が知的コンバットできる場を、いかに数多く提供できるのか、あるいは自然発生的に起こせる組織を作るのか。組織開発については第六章に譲るとして、まずここでは知的コンバットの「場」がどのようにイノベーションを生み出すのか、新たな知の創出メカニズムについて紹介してゆくことにする。

知の創出モデルは図2－2に示すように、以下の4つのプロセスから構成される。

①対話（Dialogue）

対話とは人と人との相互作用であり、SECIモデルで言うところの知的コンバットに相当する。個人の持つ様々な情報や知識を共有しながら、集団で思索することである。このプロセスでは、一人の人間の発言が他の人間の記憶に働きかけ、他の人間

図2-2 DICE^{3}モデル

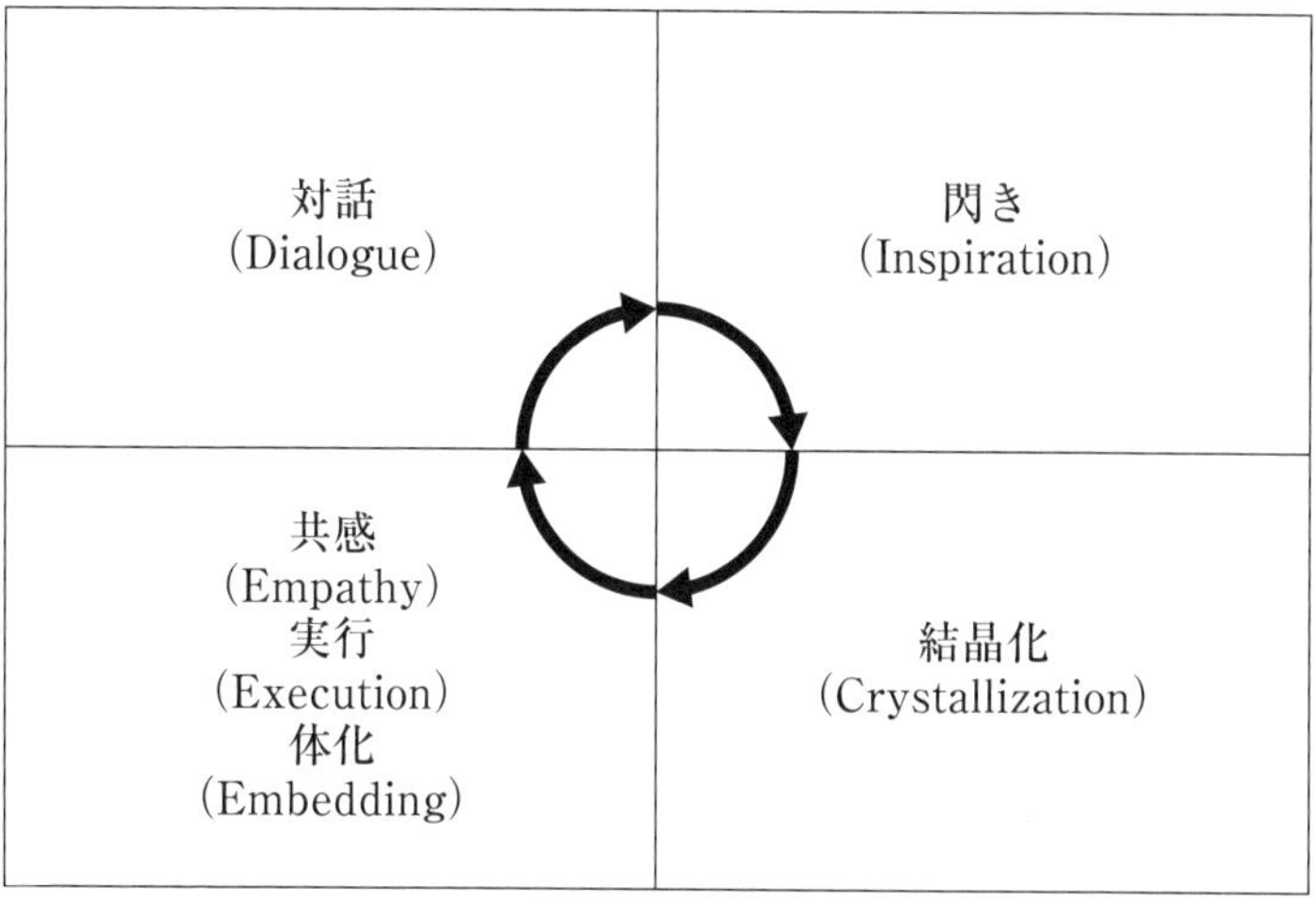

が、記憶された過去の感覚、知覚、体験、経験を相互に刺激し合う。時には価値観の違いによるぶつかり合いや、両者それぞれの意見が相矛盾していることもあるだろう。それらから目を反《そ》らすことなく、全人格的に議論することが重要であり、場を構成するメンバーの相互理解、信頼関係が成り立っていることが基盤となる。

②閃き(Inspiration)

閃きとは、対話によって互い（の脳）を刺激し合ううちに、それまで考えていなかったような閃きが起こることである。それは意図して起こすものでもなければ予測できるものでもない。また論理的に首尾一貫しているものでも、アイデアと呼べるものですらないかも知れない。

しかしながらその閃いた片鱗をメンバーに対して発信することで、他のメンバーの頭の中で新たな閃きを起こすきっかけとなる。相互インスパイアによる多くの閃きは、この時点ではまだ孤立し互いに連関していないものも多く存在するだろう。しかしながらこの混沌とした閃きの海が新たな知を生むための源泉となる。

③結晶化（Crystallization）

多くの混沌とした海の中の1つの閃きが、あるいは複数の閃きが連関したものが核となって、ある瞬間それまでばらばらに見えたものが、一気に繋がりフレームワークを形成する。過冷却状態にある水が、一滴の水によって全体が一気に氷に変化する現象に似ている。それは閃きと同様、誰かの頭の中で突然起こるものであるため、個人のアイデアのように思われるかも知れないが、実際には対話と閃きを通じて作り出された閃きの海から生まれたと考えるべきであろう。

結晶化は会議の最中に起こる場合もあれば、後に1人で考えている時である場合もある。イノベーションは1人の天才によって生みだされるのではない。あくまで

「場」によって形成された肥沃な閃きの海がその源泉となっているのだ。まるで太古の昔に、無機物だけの海から生命が誕生したように。

なお結晶化によって生まれた新しい商品、サービス、ビジネスモデル、オペレーションのしくみなどのフレームワークは、さらなる知的コンバットによって肉付けされなければならない。足りない支柱を立てたり、弱い連結部分をデータやロジックで補強したり、理解を促すよう隙間を充填したり、誰もが語れるよう、また誰もが腹落ちできるような物語に書き上げることが必要である。

④共感(Empathy)×実行(Execution)×体化(Embedding)

本プロセスは新たな価値（の可能性）を実現するためのものであると同時に、知の創出をサイクリックに行い、持続的に知を創出できるよう組織を進化させるものである。共感（Empathy）のプロセスは、物語化した新しい価値を周囲の関係者に語り共感を生むことで、その実行するモティベーションを高めるとともに参画者、支援者を増やすことである。結晶化（Crystallization）の過程でいかにナラティブな物語を書けるのか、その重要度は高い。

実行（Execution）は文字通り、その実現に向けて行動することである。実現に向けて行動する中で、人と組織は新しい体験・経験をし「実践知」として体化（Embedding）、蓄積される。俗に言う修羅場経験を踏ませるというのもこの実践知を獲得させることである。ＳＥＣＩモデルで言うところの内面化（Ｉ）における暗黙知化に相当する。

ＳＥＣＩが個人および組織における暗黙知と形式知の変換プロセスに基づいて、組織として持続的に知を創出するメカニズムを明らかにする学術的なモデルであるのに対し、ＤＩＣＥ^{3}モデルは新たな知が生まれる現象を詳細に記述することで、より容易に経営の現場に展開できることを想定した実践的なモデルだと考えている。次章以降では本モデルをベースとして、どのようなリーダーが必要とされるのか、どのような人材が求められ、その人材を育成するのか、良質な場を作るためにどのように組織を開発するのかについて議論を進めてゆきたい。

なおＤＩＣＥ^{3}モデルは、ダイナミックなモデルであることを強調しておきたい。Ｄの次はＩ、Ｉの次はＣというような、ＤＩＣＥ^{3}サイクルを教科書的に適用することを想定していない。目指すべきは、現場の至る所で、事の大小を問わず、常にＤＩＣＥ^{3}プロセスあるいはその一部が、散発的また離散的に起こっている組織である。それらが総合された結果として、組織の持続的な知の創出と進化が可能になると考えている。例えば共感×実行×体化（E[3]）は、対話↓閃き↓結晶化で生まれた可能性を実現し、その繰り返しによって知の創出と組織進化を持続的なものとするプロセスではあるが、このプロセスで取り組まれる実行プランの策定、実行時の様々な判断においても、常に対話〜結晶化のＤＩＣプロセスを意識し実践していただきたい。ダイス（サイコロ）は常に振られていなければならないのだ。

企業がサスティナブルに社会貢献するために

①組織と生物との最大の違いは組織が意思を持って変化、進化できることである。組織は知の深化と知の探索により新しい知を創出する両利きの経営サイクルを回すことで、意図的に進化できるという点で生物とは異なる。その進化のサイクルをドライブするのは成果に対する正のフィードバックであり、部下を持つリーダーは常にそれを意識して行動する必要がある。

②新たな知の創出は１人の天才によるものではなく、人と人とが相互作用することによって可能となる。そのためには良質な人材が良好な関係性の下に知的コンバットを行

う場を無数に持ち、現場の至る所で常にDICE[3]プロセスを実践することである。

イノベーションの生まれる確率は低く、良質のダイスをできるだけ数多く振る必要がある。すでにDICE[3]プロセスが現場の至る所で自然発生的に起こるような人材や組織、文化、風土であれば良いのだが、そうでないのであれば、それを実現することが（経営者を含む）人事職能の最も重要な役割だと認識いただきたい。人材の採用、評価、報酬、育成から組織風土や文化の醸成に至るまで、すべては組織が進化し持続的に知を創出し、企業がサスティナブルに社会に貢献するためにある。次章ではそれを現場で推進する要《かなめ》の存在であるリーダーについて議論してゆく。

1　レオン・C・メギンソン（1963）「Lessons from Europe for American Business」The Southwestern Social Science Quarterly, 44(1),3-13
2　チャールズ・A・オライリー、邦訳『（増補改訂版）両利きの経営』（東洋経済新報社、2022）
3　渡辺深、『「埋め込み」概念と組織』組織科学　Vol.49 No.2, 29-39（2015）
4　野中郁次郎、竹内弘高、邦訳『［新装版］知識創造企業』（東洋経済新報社、2020）

第三章——リーダーシップとモティベーション

リーダー論からリーダーシップ論へ

前章で述べたように組織の行動によって生み出された成果は、次の知の創出に向けてプラス方向にもマイナス方向にも働く。良い成果を得て満足を感じるのか、慢心してしまうのか？ 次の目標に対し目線を上げられるのか、終わりなきチャレンジに疲弊してしまうのか？ 同様の成果であっても人の捉え方は異なる。リーダーの最大の役割の1つは、得られた成果に対して適切に組織また個人にフィードバックし、組織が正の進化サイクルで回るよう導くことである。

リーダーの役割を端的に言うならば、「個のモティベーションの向上↓組織の進化↓企業の目標の達成」という三段論法的なシンプルな図式であり、メンバーのモティベーションを上げることによって、知の深化や探索、知的コンバットを活発に行い、持続的に知（=価値）を創出する組織へと進化させ、その知によって企業の目標や存在意義であるコアパーパスの実現に貢献することである。

本章ではコアパーパス達成の原動力となるリーダーシップについて解説してゆく。なおリーダーシップ論として議論を進めてゆくが、そこで得られる結論は、リーダーだけに求められるものではなく、組織を構成するすべてのメンバーに対しても同様に必要となる考え方であり、現在部下を持たない従業員の皆さんにおいても無関係だと読み飛ばすのではなく、組織における個人の役割との認識で読み進めていただきたい。

さて、では一体求められるリーダー像とはどのようなものだろうか。過去、リーダーについて、リーダーの資質、個性、あるいは行動様式など様々な観点から研究が行われてきた。しかしながらリーダー個人に着目する理論群は、いずれもある特定のケースにおいて正しいと考えられるものの、異なるケースでは100%適用できる普遍的な理論ではなかった。またリーダーを記述するための要件が多岐に渡るため、実践に適用することも容易ではなかった。そのためリーダー個人を対象としたリーダー論ではなく、組織を構成するメンバーとの関係性、また組織の置かれた状況を踏まえた、組織におけるリーダーシップ論として議論されるようになった。

リーダー個人を対象としたリーダー論については、入山章栄氏による整理が詳しい。[1]リーダーとして備えるべき資質や個性を整理したものなのだが、読者はこれらをどのように受け止めるだろう。例えばラルフ・M・ストグディルはリーダーに必要な資質は、従属性、社会性、率先力、忍耐力、自信、慎重さ、協調性、順応性であるとする。またバーナード・バスによれば、それは調整力、順応性、積極性、慎重さ、感情バランス、独立心、誠実さ、自信であり、G・A・ユークルはエネルギーレベル、ストレス耐性、自信、内面コントロール、感情の成熟、誠実さだとする。共通する資質もあるが、研究者によって様々であり、良い資質のオンパレードである。「それはその通りなのだが、それで？」という感想を持たれたのではないだろうか。これらの理論を実践に展開し、人材評価や人材開発に活用するにしても、実施に必要となる工数に対して得られる効果は如何ほどのものであろう。

その他のリーダー論として、リーダーの個性ではなく行動スタイルに着目するものなどもあるが、第二章で紹介したコンティンジェンシー理論により、組織がその時々の環境に適合して成長するのと同様に、リーダーもその組織の置かれた状況に適合した異なる個性や行動が求められるとしたことで、普遍的なリーダーの個性や行動を導く試みは実質的に破綻したと考えられる。

そこで生まれたのが、リーダー個人に焦点を当てたリーダー論ではなく、リーダーと部下との関係性に着目するリーダーシップ論である。そもそもリーダーの個性や行動特性によって、部下は均一な影響を受けるものではないという前提に立った考え方である。特に個人の価値観が多様化している現代においては、至極《しごく》理に適った考え方だと言えよう。

トランスフォーメーショナル・リーダーシップ（TFL）

その中で著者が最も有力だと考えるのがトランスフォーメーショナル・リーダーシップ型のリーダーシップである。これは1980〜90年代に米ニューヨーク州立大学ビンガムトン校のバーナード・バスにより提唱されたリーダーシップの型である。リーダーシップは以下の3因子からなるとされる。

①カリスマ：魅力的なビジョンを掲げ、部下を共感させる
②知的刺激：部下の知的好奇心を刺激することで問題解決を促進させる
③個への配慮：一人ひとりの部下に向き合った動機付けや成長支援を行う

これらをリーダー個人の持つ特性、すなわち資質・個性や、そこから発露される行動様式論と捉えることもできるが、むしろこれらはリーダーが実践すべき役割論として見て取ることがより適切であると著者は考える。リーダー気質だとか、性格的にリーダーに向いているなど、生まれつきの資質として、あるいは経験的に獲得した能力として3つの因子

を備えた人材は間違いなく存在するだろう。しかしながら役割として求めるということは、個人の資質や能力に関わらず、リーダーに任命された人間の役割として、3つの因子を実践することがリーダーに求められると規定することである。

多くの組織は階層を持ち、その階層ごとに複数のリーダーが存在するだろう。社長、事業責任者、部長、課長、製造職能であれば職長、班長、ユニットリーダーに至るまで、複数の部下を持つすべての人間はリーダーという意味において等しい立場にある。1人のリーダーが直接スーパーバイズ（管理、監督）できる適正な人数（スパン・オブ・コントロール）が5〜7人であるとすれば、組織の約6人に1人はリーダーを務めることになるが、それらリーダーの全員が前記した3因子を実践する組織を目指すべきである。

部長や課長に昇進したタイミングで、リーダーシップ研修を受講させる企業は少なくないだろう。もちろんそれも価値のある取り組みではあるが、それ以前に、基本指針として業務内容の大小・軽重に関わらず部下を持つすべてのリーダーに対し、3因子の実践をその役割として規定し、継続的な発信によって浸透させ、企業文化として根付かせる取り組みがより重要であると考える。部課長にリーダーに関する研修（マネジメント研修と称されることも多い）を受講させるのであれば、同様の内容をすべてのリーダーに受講させるべきである。

リーダーの役割は、職種、職位に関わらず、もっと言えば年齢や経験に関わらず求められるものであり、目指すべきものはできるだけ早期に理解させ、実践により研鑽を積ませることが、中期的に層の厚いサスティナブルな組織を作ることになると考えられる。

それでは3因子について、著者の実践経験を踏まえ議論を進めてゆく。

①カリスマ

ここで言うカリスマとは、決して聴衆の前に立って民衆を立ち上がらせるような扇動的な存在を意味していない。夢を語り、ビジョンを語り、その夢やビジョンをメンバー全員と共有し組織全体に浸透させること、またその行動を意味する。もちろん壇上に立ち、身振り手振りを交えて視聴するメンバーの心に訴えかけることも代表的なカリスマ的行動だろう。しかしながら方法論は1つではなく、ポイントとなるのは以下の2点となる。

⑴明確なビジョンを策定すること

前章で述べた知の創出プロセスを実践することにより、目指すべき方向やゴールが腹落ちのできるシナリオを作成することである。このＶＵＣＡの時代においては様々な不確定要素が存在し、またすべての情報を保有できるわけではないが、事実を直視し、仮説を明確にし、目指すべきゴールとそれに至る道筋を、誰もが理解できる物語として描き上げる。その際、腹落ちのできる仮説であれば、破綻なくロジックを組み立てることが可能であり、逆にそれで描けないようであれば、それはそもそも目指すことのできないゴールである。いずれにせよ、ビジョンはセンスメイキングな物語であることが最重要であり、魅力的なビジョンとそこに至る納得性のあるストーリーでなければ、多くの人間を共感させることは難しい。

またビジョンはゴールであると同時に、その組織で働く各メンバーの多様なモティベーションを受け止める基盤でもある。しっかりとした基礎工事で造られた頑丈な基盤は、個人によって異なるモティベーションや多様な価値観を受容しつつ、ゴールに向けて各々の持てる力を最大限発揮させ得る。当然基盤は頑丈であることが望ましいのだが、一方で状況の変化に呼応して、また知の創出サイクルから生まれた新たな知によって、持続的に修正が加えられることで、常にその時点において魅力的かつ納得性のあるものとして継続進化させ得るものでなければならない。

(2)ビジョンの発信を多様にかつ多数実施すること

前章にて、持続的な知の創出のためには知的コンバットの場を数多く持つ必要があると述べたが、ビジョンを共有する場についてもできるだけ数多く、様々な形で物語る機会を持つことが重要である。ポリシーミーティングのような全体発信の場のみならず、例えば会議の場で、日常会話の場で、あるいは現在は死語に近いかも知れないが飲みニケーションの場で、常に物語り続けることである。できれば対話の形で相手の意見に対して、腹落ちしていない点を丁寧に説明することである。また自分の口で語ることに加えて、他の共感者に語ってもらう手法も活用すべきである。

その際に重要な点は、単に教科書的な説明をするのではなく、自らの言葉で、自らの解釈で物語ってもらうことである。カリスマとしてのゴールは、ビジョンを全従業員に共感、浸透させることであり、その実現方法はリーダーにより百人百様あるだろう。可能な限り多様な手段で、できる限り多くの人間に繰り返し発信することで、理解させるだけでなく受容させ、さらには共感レベルに至らしめることを目指さねばならない。

以上がカリスマについての説明だが、その実践においては相当の工数と時間がかかることを理解しておくべきである。共感レベルを目指すのであれば尚更であり、一度に全員を共感させようと気負うのではなく、一日に数名の共感者が増えれば良い程度の気持ちで臨むのが良いだろう。共感者がある人数に達し、クリッピングポイントを超えれば、加速度的に組織全体に浸透するものである。

②知的刺激

組織が進化するためには知の深化や探索が、また新たな知を生み出すための知的コンバットが必要である。知的刺激とは、組織のメンバーが深く考えることを愉《たの》しむ、新しい知識を外部に求めることを愉しむ、また新しい知を生み出すための知的コンバットを愉しむ、これらのようなマインドセットを持てるよう、働きかけることを意味している。

例えばカリスマの項で述べたビジョンや戦略・戦術についての議論に巻き込み、組織全体のビジョンの進化に参画させることも1つだろう。また知的コンバットにおいて、より高い視点や広い視野でファシリテートしたり、的確なアドバイスやヒントを提供したりすることで、解の発見を促すこともあるだろう。時にはメンバーの1人として議論に参加することも良いだろう。あるいはもっと直接的に自身の経験や技能、また高度な知識や考え方などの実践知を共有することで、このリーダーと同じレベルを目指したいと思わせることも一種の知的刺激だと言えよう。

このように知的刺激をする機会や方法は無数にあり、それゆえリーダーは常々知的刺激を与えることを意識して行動せねばならない。知の深化や探索、また知的コンバットが愉しいと感じられるよう導き、最終的にメンバー自らが主体的に、嬉々としてそれらを実践することを目指したいものである。

また、知的刺激を支援するためのしくみや制度の充実を図ることもリーダーの役割である。メンバーの持続的な成長やキャリア形成を支援すると同時に、リーダーおよび組織が、メンバーの成長に対して深い関心を持っていることを目に見える形で示すという意味においても重要である。それは例えば人材開発カリキュラムの提供であり、組織開発活動の推進であるが、その具体的な方法論については第五章、第六章にて詳述する。

③個への配慮

人はそれぞれ個性を持ち、興味の対象も異なる。一人ひとりが異なった世界観、価値観、常識、また偏見を持ち、個人としての人生の目的も決して同じではない。組織としてビジョンを共有し、ベクトルを揃えてゴールを目指すことは容易ではない。知的刺激の与え方も同様であるが、個に向き合い、その人間の世界観、価値観を理解し受容し、その一個人のモティベーションを高めるような働きかけが、個への配慮である。それは、1つは本人の資質や特長を見極めビジョンの実現に向け最適な役割を担わせることであり、もう1つは本人が自ら主体的に行動するようマインドセットすることであり、これらを個々のメンバーに対して行うことである。

リーダーシップ論において、トランスフォーメーショナル型のリーダーシップと対比される位置付けとして、トランザクショナル型のリーダーシップ（Transactional leadership：TSL）がある。これは上司と部下の「心理的な取引」の観点でリーダーシップを捉えるものであり、一言で言えばアメとムチによる管理型である。ただ本理論を単なる紋切り型のリーダーシップとしてではなく、部下との取引関係を好循環させることを目指す理論だと解釈するならば、トランスフォーメーショナル・リーダーシップ（TFL）型の1因子であるこの「個への配慮」の内容と類似しており、TSLはTFLにおける「個への配慮」に焦点を当てた理論だと捉えることができる。以下TSLをベースに「個への配慮」について議論を続けてゆく。

リーダーは部下に業務の中で責任と権限を与え、部下は高いパフォーマンスを上げ、それに対してリーダーは評価し報酬を与えるという交換関係にあり、パフォーマンスが高ければ高い評価や報酬を、一方パフォーマンスが低ければ低い評価や報酬に加えて指導、コーチングを実施する。常に前者であれば好循環になりやすいが、常に後者であれば悪循環に陥りやすい。

リーダーの役割は、いかに好循環を持続させるか、またいかに悪循環を断ち切るかにある。単純に良い成果にはアメを、悪い成果にはムチをではなく、アメの与え方、ムチの打ち方を工夫することで、できる限り多くの個人との関係を好循環に導くことである。これは正に個人のモティベーションを維持・向上する行動に他ならない。第二章で議論した組織進化において、得られた成果はフィードバック次第でプラスにもマイナスにも働く。これと同様に個人のパフォーマンスの良し悪しに関わらず、いかにプラス方向へとフィードバックを掛けるのか、これはリーダーの役割としての「個への配慮」の本質である。

以上、リーダーの3つの役割について説明したが、冒頭に述べた「個のモティベーション→組織の進化→企業の目標の達成」の図式において、リーダーの果たすべき役割がいかに大きいのかを理解いただけたのではないだろうか。ビジョンの発信・浸透によって組織へのロイヤルティを高め、知的刺激によって知的好奇心とキャリア形成意識の向上を促す。そしてこれらを一人ひとりの個をリスペクトしながら丁寧に実施する。いずれも個のモティベーションを上げるための行動であり、これなくして企業の持続的成長は不可能と言っても過言ではない。

モティベーションを向上させるメカニズム

前節でリーダーの主たる役割がメンバーのモティベーション向上だと述べたが、本節ではモティベーションについて詳述するとともに、モティベーションの向上、動機付けにおいて有用と思われる考え方について解説してゆく。

モティベーションは大きく内発的動機と外発的動機の2種類に分類される。外発的動機については制度やしくみの設計によるところが大きく、ビクター・ブルームの期待理論では、外発的動機の高さは「目標の達成確率の期待値」と「評価・報酬制度」を掛け合わせたものだとされる。ある目標が実現しやすく、かつ評価や報酬が高いとモティベーションは上がり、その逆であればモティベーションは下がる。こちらは程度の差はあるにせよ、誰にとっても適用できる普遍的な考え方である。一方で内発的な動機は前述したように、個人の価値観が異なるため詳細な議論が必要である。

内発的動機の古典的な考え方としてマズローの欲求五段階説がある。欲求には生理的欲求→安全欲求→社会的欲求→尊厳欲求→自己実現欲求があり、低次のものが満たされるとより高次の欲求が発生するという説である。食べたい、眠りたい、安全に健康で暮らしたい、家族や社会など組織に属したい、誰かから承認・称賛を受けたい、理想的な自分になりたいなど、何を低次、高次とするのかは多様化した価値観においては個人により異なるが、欲求（≒モティベーション）を整理したという点で評価できるであろう。

では仕事におけるモティベーションとはどのようなものであろう。その仕事に従事することで好奇心を満たせる、チャレンジできる、保有スキルを活用できる、重要な役割が果たせる、人から称賛を受けられる、社会に影響を与えられるなど、人によって様々ではあるが、仕事に対して欲求が満たされる期待感を持てるか否か、すなわち「欲求満足への期待感」が内発的動機であると言える。

内発的動機を高めるためには、内発的動機にどのようなものがあるのかを理解することが必要であるが、それらを整理しその仕事が個人に対してどの程度の内発的動機を持たせることができるかを定量的に示したハックマンとオルダムによる職務特性モデルを紹介しておく。これは仕事の設計・特性によってモティベーションは決まるとする理論である。

本理論では仕事のモティベーションに与える影響を、以下に示すＭＰＳ（Motivating

Potential Score）という定量的指標によって数値化する。

ＭＰＳ＝（技能多様性＋タスク完結性＋タスク重要性）÷３×自律性×フィードバック

技能多様性：多様なスキルを活かせる仕事
タスク完結性：仕事全体における、関与が大きい仕事
タスク重要性：他人・組織・社会などに大きな影響をもたらす仕事
自律性：計画、目標など自分のやり方で進められる仕事（自由裁量）
フィードバック：結果について都度知ることのできる仕事

本式において右から3つが基本因子、後の2つがレバレッジ因子である。基本因子は、それら個人にとってその仕事の持つ意味や意義を与えるものであり、レバレッジ因子は、それらの実現をサポートしてくれる要素である。本式によれば基本因子については3因子のうちのすべてが必要とされるのではなく、個人にとって少なくとも1つに価値を見つけられれば良い。一方の2つのレバレッジ因子は、基本因子に掛けられる形になっているため、いずれかがゼロだとＭＰＳはゼロとなってしまう。つまりレバッレジ2因子である自律性と

フィードバックは、内発的動機を持たせるためには必須となる要素だということである。

本理論はMPSが大きくなるように仕事を設計すれば、内発的動機を大きくできるという考え方だが、個人に合わせて仕事を設計するのは現実的ではない。現実にはまず仕事があり、そこに誰かを配置することの方が多く、本理論は単なる理想論に過ぎないようにも見える。しかしながら本理論は実践においても有用な示唆を与えてくれる。

まず①動機付けに際して個人の価値観、欲求を満足させる要素を基本因子の中に見出し、それを基に動機付けを行うこと、②実際の業務遂行において適切な裁量を与えること、③業務の成果やアウトプットに対して適切なフィードバックを行うこと、これらは実際の業務アサインメントや業務の進め方において有用な考え方である。「この仕事はあなたの○○という思いを実現できる」「この部分はあなたの判断でやって良い」「半期に一度○○という指標であなたの成果は可視化・共有される」と基本因子とレバレッジ2因子によって動機付けを行い、実務においてフォローすることは本理論によらず直感的にも必要なことであり、職務特性理論はこれらを支持するものである。

もう1つ実践的に有効だと考えるのは、エドウィン・ロックにより提唱された目標設定理論である。これは目標がより困難であり、挑戦的また具体的であるほどモティベーションが高まるとする理論である。職務特性理論ではある程度定量化できるより理性的な因子

表3-1 内発的動機の因子別分類

	因子	内発的動機
基本因子	技能多様性	スキル活用・向上、キャリアアップなど
	タスク完結性	達成感、参画感など
	タスク重要性	自己効力感、他者・社会貢献、称賛・承認など
	目標魅力度	挑戦的、具体的、魅力的、好奇心、自己実現など
レバレッジ因子	自律性	自由度、自律制御度など
	フィードバック	達成感、称賛・承認欲求、自己効力感など

を取り扱うのに対し、目標設定理論は個人の目標に対する感情的な側面に着目した理論である。目標に対して魅力を感じるか否かは、重要な基本因子の1つとして考えられよう。

ここで目標設定理論を職務特性論のMPSの式に組み入れると、

MPS＝（技能多様性＋タスク完結性
＋タスク重要性＋目標魅力度）
÷4×自律性×フィードバック

となる。これを基本の式として、実際には個人の価値観に応じて各因子には係数がかかることになる。例えばキャリアアップを重視する人にとってのMPSは、

ＭＰＳ＝（２×技能多様性＋タスク完結性＋タスク重要性＋目標魅力度）
÷４×自律性×フィードバック

右式に示すように技能多様性が2倍（や3倍など）の係数がかかり、ＭＰＳに対してより支配的となるが、本質的な考え方は何ら変わらない。

参考までに表３－１に各種の内発的動機を各因子に分類したものを示す。

今回、著者は目標設定理論の考え方を基本因子として組み入れたが、個人の価値観はそれぞれ異なるため、当然これ以外の基本因子もあるだろう。重要なことは部下が何を求めているかを理解し、それに応じた動機付けを行うことである。なお部下によっては自分が何を求めているのかが明確でないケースもあるので、それを見出してやる、あるいは一緒に考えることも視野に入れておくべきであろう。

ここまでモティベーションについての理論を見てきたが、動機付けの実践は容易ではない。リーダーとして、まずは人物を見極めるためには相手を知る必要があり、それには行動を見るだけではなく、コミュニケーションを取ることが重要である。コミュニケーションという相互作用なくして相手は理解できないし、自分の考え方を理解させることも困難である。また相手の価値観を受容、共感できる多様性を持ち合わせている必要もあるだろう。

シェアード・リーダーシップ（SL）

本節ではTFL型のリーダーシップとともに重要だと考えられる、クレイグ・L・ピアーズのシェアード・リーダーシップ理論について紹介しておく。組織内の複数の人間がリーダーシップを執《と》るという考え方で、テーマに応じて最も適切な人材をリーダーとして推進する手法である。もっともその実践は容易ではないと考えられ、いきなりシェアード・リーダーシップ型に変えると言っても、船頭多くして船山に上る事態を招きかねない。しかしながら本理論のコンセプトを、組織のメンバー全員が主体性を持ち、他のメンバーの協力を得ながら業務を進めることであると解釈すれば、メンバーの意識を、また組織風土をそのように変えてゆくための一歩を踏み出すことはさほど難しいものではない。

例えば新しいプロジェクトを発足するにあたり、リーダーを選任し基本的な運営を任せてみる方法である。新機種の開発を設計から商品化まで機種リーダーとして任せるとか、製造工程のＩＴ化プロジェクトを任せる、あるいは大きなプロジェクトを分割して複数リーダーに任せるなど、日常的にもすでに行われていることと思われる。

理想的にはプロジェクト化せずとも自発的にリーダーが現れることが望ましいが、階層型の職制の中での運用はこのようなリーダーシップを執らせる「場」を作ることから始めるのが妥当であろう。その「場」をリーダーシップを向上させるＯＪＴの場として、先輩リーダーが適宜アドバイスしたり、コーチングを行うことで彼／彼女らのＴＦＬを高めてゆく。できればあらかじめシェアード・リーダーシップ型を目指していることをメンバーと共有しておくのが望ましい。さもなければ階層型組織における既存のアドホック的な位置づけと大きく変わらないものとなり兼ねない。

以上、ＴＦＬとＳＬを中心にリーダーシップについて説明してきた。ＴＦＬは個々のリーダーに対してのリーダーシップ理論であり、ＳＬは組織としてのリーダーシップ理論であるが、両者ともに組織能力を高める上で無くてはならない考え方であり、共に実践投下が可能な理論であることがお分かりいただけたのではないだろうか。

リーダーとして磨くべき武器

個人の資質ではなくリーダーの果たすべき役割としてリーダーシップ論を議論してきた。ビジョンを発信し浸透させるカリスマ、部下に知的活動を愉しむことを促す知的刺激、部下と個別に向きあい動機付けや成長を促す個への配慮、これらを実践するために必要とされる能力やスキルはどのようなものであろうか。

業務を遂行するのに必要なリテラシーや専門能力は当然必要ではあるが、リーダーが意識して向上させるべきことは以下の3点だと考える。

1つ目はコミュニケーション能力である。相互理解を深め、信頼関係を構築するには、相手の意図するところを十分に理解し、また自分の意思をしっかりと伝えることが基本となる。カリスマにおいても、知的刺激においても、個への配慮においても、あるいは第二章で述べた組織の成果に対するフィードバックにおいても、人とのコミュニケーションによる相互理解、信頼関係がその基盤となる。コミュニケーション能力は、ともすれば日常生活や業務のOJTで身に付くものと成り行きに任せがちになるかも知れないが、もっと意識的に、能動的に本能力を向上させることが必要であろう。

2つ目はイントラパーソナル・ダイバーシティである。コミュニケーション能力はあくまで相手とやりとりするための手段である。相手の価値観や考え方を理解し受容すること、またその価値観や考え方に沿う形で、ビジョンを伝え、知的刺激や動機付け、フィードバックを与えるには、自らの中に多様な思考の軸を持っている必要がある。梅干しを食べたことがなければ、梅干しを見たら唾《つば》が出るということは分からないし、共感することは難しい。直接的に業務に関係のない文化や宗教、哲学あるいは芸術など、様々な教養を身に付け多様な思考の軸を有することは、相互理解のために大きな助けとなるであろう。

3つ目は実践知である。リテラシーや専門知識を座学で学んでも、それだけで実際の業務で十分な成果を生み出すことは難しい。学んだ知識を実際に使ってみて課題解決するプロセスを何度も経験することによって、本当に使いこなせる知となるものである。座学は実践知を養うためのいわばスタートラインに過ぎないと認識すべきである。また実際の体験を通じて得られた経験や知見は、その個人に特有のかつ最強の思考の軸となる。困難な状況、不確実性の高い状況、情報が不十分な状況において、より適切な判断や決断を行わねばならないリーダーにとって非常に強い武器となる。次世代を担い得る人材に、いわゆる修羅場経験を積ませるのは正に実践知を獲得させるためである。

これら3つの能力はいずれも一朝一夕に獲得できるものではない。高い向上心を持って継続的に日々研鑽することによって、少しずつ培われてゆくものである。また本章の冒頭で述べた通り、リーダーシップの発揮やこれら3能力の向上は決してリーダーのみに求められるものではない。すべての従業員に対し、本章の内容を理解させ、動機付けし、またそれと同時に学びの機会を提供することは、企業を持続的に成長させるために果たさねばならない人事職能の最大の役割である。

1　入山章栄、『世界標準の経営理論』（ダイヤモンド社、2019）

第四章

共感のメカニズム

物事の認識や判断が、得られた情報に基づいて論理的、合理的な思考プロセスで行われるとするならば、誰もが同じ結論に至るであろう。しかしながら現実には物事の認識や判断は、経営者あるいはリーダーによって、もっと言うならば個々人によって異なる。本章では、人が物事を認識したり判断したりするメカニズムを議論するとともに、そもそもなぜ人は異なる価値観や考え方を持つのか、また異なった個と個でどのようにして共感が起こるのかについて理解を深めてゆきたい。本章では哲学の1分野であるフッサールの現象学[1]を基礎として議論を進めてゆく。哲学でメカニズムが解明できるのかと訝《いぶか》しむ方もいるだろうが、そこはお楽しみ、少々難解な部分もあるが頑張って読み進めていただきたい。

認知バイアス

現象学を紹介する前にバイアスについて触れておこう。人は誰しも先入観や思い込みなど様々なバイアスを持つ。英語が話せる日本人を見ると、仕事ができるのではと感じてしまうとか、身近な人の話などアクセスしやすい情報を重要視してしまうとか、真因《しんいん》がしくみにあるにも関わらず、個人に責任を押し付けるとか、日本人は無口でアメリカ人は陽気だとか、一流大学卒、あるいは、一流企業の社員だから自分は優秀だなど、枚挙にいとまがない。特別なケースにおいてはバイアスが強力な武器となり得る（後述）のだが、多くの場合は認識や判断を誤らせるリスクが高いため、可能な限り最小化する必要があることは周知の通りである。

個人においては、バイアスにどのような物があるのかを学び、常に自身の行動と意識的に照らし合わせて最小化に取り組むことである。継続するうちにそれが身に付き無意識でもバイアスが抑制された行動が取れると考えられる。このように書いている著者自身もバイアスの塊《かたまり》であり、持続的な努力が必要との認識を持っている。そもそも自分はバイアスが少ないと感じること自体がバイアスである。人はバイアスから逃れることができないのだ。

個人のバイアスによる誤った認識や判断を避けるためには、組織を多様性の高いメンバーで構成することが有効とされる。個のバイアスを組織として抑制するという考え方である。様々な思考の軸を持った多様な人材からなる組織は、物事を多くの視点、観点から見ることができるため、個人バイアスに引きずられ過ぎないよう牽制を掛けることが可能となる。その際、性別や国籍、年齢など人の表層的な多様性（デモグラフィー型）ではなく、多様な知見、経験、能力、価値観などに基づく多様性（タスク型）でなければ効果は薄いとされている。

多くの日本企業において、女性登用の取り組みは積極的に進められているが、「性別の多様化すらできずに他の多様化が進められるはずがない」「まずは他国に対して確実に遅れている女性登用から始めねば」とする推進派、「女性だけに着目するのはデモグラフィー型で本質的ではない」「数値目標が実態からかけ離れており形式的な活動になってしまう」とする懐疑派と、人によってそれぞれ異なる考え方を持っているだろう。女性多様化推進において大切なのは、いずれの意見も一理あるが決して百点満点の考え方ではなく、自身の考えにはバイアスがかかっていることをそれぞれが認識することではないだろうか。両者の知的コンバットによって、より最適に近い解が見出せるのではと考える。

なお組織の多様性において、最も重要であるのは経営陣の多様性である。経営トップに対して誰もが忖度《そんたく》なく意見できるとか、経営陣が得た情報を取捨選択することなくニュートラルな形でインプットするなど、経営トップのバイアスを抑制できる体制を目指さねばならない。周囲がイエスマンばかりであるとか、本人の都合の良いように情報を操作してトップにインプットするのでは、バイアスの抑制は困難である。これを防ぐには自身のバイアスを認識し最小化すべきだと考えるトップの意思より他なく、人事職能は任命権のある人間とともに慎重にトップの力量を見極める必要があるだろう。

ここまでバイアスのマイナス側面を見てきたが、プラスの側面についても述べておきたい。情報に基づく判断は、その情報量が多過ぎる場合には変数も多くなり精度が低下するものである。現代のように将来を予測することが難しい時代に、一方で溢れ返るほどの情報がある環境において、統計学的な手法には自ずと限界があるだろう。科学的、論理的な思索に基づく判断よりも、たとえそれがバイアスを含んでいたとしても、非科学的、非論理的な直感による判断が迅速かつ正しい場合も少なくない。ここで言う直感とは、単なる当てずっぽうではなく、経験や学習によってこれまで培われてきたリーダーやメンバーの実践知が基盤となって、思考せずとも生まれる言わば職人の勘である。実際に優れた経営者と言われる方々を思い浮かべていただきたい。どなたもセンスメイキングではあるが、コンピューターのように科学的、論理的な方ばかりではないのではないだろうか。

　バイアスについてはここで筆を置き、本章の主題であるバイアス発生のメカニズム、共感のメカニズム、またイノベーション創出のメカニズムについて、フッサールの現象学を活用して紐解いてゆこう。現象学は哲学の中でも難解な部類に入るとされているが、一方で近年、この現象学が経営の世界でも注目され始めている。現象学の取り扱う範囲は広く、すべてを網羅することは難しいが、本書では関連する部分のみを抽出して議論を進めてゆく。

「リンゴを見ること」についての考察

現象学は普段無意識に行っている行為について、その本質を思索することに始まる。物を見るとはどういうことなのか？　リンゴを見てリンゴだと認識する、取るに足らない日常行為のメカニズムについて考察してゆこう。

リンゴに光が当たり、その反射光（映像）が目に入ってきてリンゴだと認識する行為は、①感覚する、②知覚するという2つの事象に分解することができる。

①感覚（体験）：感覚器官である目にリンゴの映像信号が入力される
②知覚（経験）：信号が脳に伝わり、映像を解釈してリンゴだと認識する

まず感覚器官である目がリンゴからの反射光を感覚し、次にその信号が脳に伝わり知覚する、と考えるのである。目に入ってきた段階ではそれは意味を持たないただの映像に過ぎず、脳でそれを過去の記憶に照らし合わせて解釈することで初めてリンゴだと認識（知覚）できる。すなわち現在受けている感覚は、過去の記憶によって知覚されるのである。

例えばそれが写真に写ったリンゴである場合には、写真を傾けた時に、球体である本物のリンゴの記憶との間に齟齬《そご》が生じて、ああ写真に写ったリンゴだと再解釈されるだろう。またプラスチック製のレプリカだった場合にも、手に取ってみて重さの感覚が記憶にある本物のリンゴとは異なると知覚し、ああこれはレプリカだと再解釈されることになる。

すなわち物を見てそれを何かだと認識するという行為は、個人の記憶に基づいてなされるということである。これは感覚→知覚が連続して起こる、より複雑な「体験」においても同様であり、その一連の体験を脳が解釈することで「経験」として認識されることになる。

別の例でさらに考察を進めよう。例えば赤いバラを見る時に、それが赤色の中でも深紅の赤だと知覚する場合を考えてみる。感覚器官である目は視細胞の集合体であり、人によってその数や感度が違うためそのバラの映像信号は異なるはずである。それにも関わらず人はそれを深紅であると共通の認識で会話することができる。自分の中で現在見えている色は、過去に同じ目で見て記憶している深紅と同じ色であり、一方相手に見えている色も、過去に相手の目で見て記憶している深紅と同じ色であるため、実際に両者が見ている色自体は異なっていても、そのバラの色はそれぞれの過去の記憶において同じ「深紅」に分類される色だからである。ちなみに犬の目の錐状体は数が少なく、白と黒に加え暖色系は黄色、寒色系は青色という大まかなものであるが、もし犬と会話できたとすれば、深紅の色は深紅だと共通の認識を持てるであろう。
　この考え方を拡張すれば、自分の記憶に基づいてなされる認識が、他人の認識と同じである保証は全くない。感覚・体験したものに対する解釈は、違う人生を歩んできたその人の記憶によってなされるものであり、それぞれの記憶は全く違うものであるためである。つまり複数の人間の解釈は同じ事象に対してであってもすべて異なるということである。人はそれぞれの過去の人生で形成された世界観、価値観、常識、偏見で物事を認識しているのである。

（註）現象学的な用語を用いて補足しておくと、感覚・体験は単に光景（表象）が網膜に映るだけであり、まだ構成・解釈による知覚や経験はされておらず、何の意味内容も持っていない。それらが記憶を掘り起こしたり（想起）、忘却していた記憶から覚起させることにより、構成・解釈（認識）し意味付ける。この意識の作用は志向性と呼ばれる。ここで重要なのは、意識は自分が感覚した光景（表象）の世界から外部には出ることができないということである。自分が受け止めた感覚を、記憶などに基づいて突破（超越）して対象物を構成・解釈（認識）するに過ぎず、物自体を認識している訳ではない。その意味で存在は「超越」と呼ばれ、このアプローチを超越論的還元と呼ぶ。そこに物が存在するか否かは議論の対象ではないし、そもそもそれを議論することはできないのである。

自我発生のメカニズム

次に乳幼児の成長過程を考えることで、人がどのように自我（世界観）を形成してゆくのかを見てゆこう。

乳幼児のよく知られた現象として「泣きの連鎖」がある。これは隣の赤ちゃんが泣きだすと、周囲の赤ちゃんに伝染してもらい泣きが連鎖する現象である。現象学では、その泣きの原因となる、例えば悲しみという感情に対する自他の区別ができないため、自分の感情であると思ってしまい泣き出してしまうのだと解釈する。感覚されるもの（この場合は耳に入ってくる泣き声）が自分のものなのか、他人のものなのか分からない、自我と他我の区別がつかない、すなわち自我が存在しない状態であると考える。

その後、時間が経つにつれ、自分の行動と他人の行動とで自分の受ける知覚が異なることに気付く。例えば母親が手を動かす場合、以前であれば誰の手が動いているのか区別できなかったものが、動く手は見えるのに自分には手を動かしている運動感覚がないことに気づく。また母親が赤ちゃんのバブバブというような喃語《なんご》を真似する場合においても、声は聞こえるが自分には口を動かし声を発生している運動感覚がない。この段階において、赤ちゃんは自分ではないものの存在に気付く、すなわち自分以外の存在とは違う自己という存在を認識するに至る。これが自我の萌芽である。

この段階を経て自分とそれ以外の存在に気づいた後は、様々な感覚、知覚、体験、経験を一つひとつ積み重ねながら自我が形成されてゆく。前節で述べたように、新たな事象の感覚や体験は過去の記憶によって解釈され、意味づけされた知覚、経験として新たな記憶となる。自我すなわち個人の持つ世界観や価値観、常識、偏見は、すべて自分自身の記憶による「解釈」によって構成されているものであって、それは世界を正しく「理解」しているこことは似て非なるものである。極端に言うならば、個人が「理解」していると思っていることは、すべて個人の偏見による「解釈」に過ぎない。私が見ている世界と他の人間が見ている世界は、それぞれがそれぞれの偏見によって解釈された「世界観」であり、1つとして同じ世界観はないと考えるべきであろう。

1990年代の人気映画である『マトリックス』[2]を視聴されたことのある方には、それとのアナロジーが分かりやすいのではと思われる。未来ではAIが世界を支配していて、人類はAIにエネルギーを供給する電池の役割を担っている。人は栄養源を供給するパイプに繋がれた状態でカプセルの中で眠り、AIが作った仮想世界プログラムである「マトリックス」を脳にインストールされ、その「マトリックス」という虚構の世界の中で生活している。その世界が虚構であることに気づいた集団が、人類の尊厳を掛けて立ち上がるというストーリーである。

個人が理解している世界は、それぞれの偏見により解釈・構成された世界観に過ぎないという現象学の考え方は、まさに一人ひとりが異なるマトリックス世界で生活している状態だと言えよう。このようにそれぞれが異なった世界観を持ち、それに伴って生じる異なった価値観を持つ人間同士が共感することができるのはなぜだろうか？

記憶のメカニズム

共感のメカニズムに進む前に、異なる世界観を生み出す源である記憶について少し理解を深めておきたい。

ここまで感覚と知覚は異なるものであり、感覚したものを知覚してそれが記憶として蓄積されるとしてきたのだが、現象学においては、知覚されたもののみではなく、感覚したものも自動的に記憶として蓄積されると考える。意識的か無意識的かによらず、感覚器官に入力され感覚したものは、それが知覚プロセスで認識されなくとも記憶されるというのである。

例えば騒音の中で読書をしている状況を想定しよう。最初、その低周波のノイズは読書の妨げとなるが、読書に集中するに従い、その音は気にならなくなる。耳には聞こえている（感覚している）のだが、それは知覚されていない状態である。ところがある時、その騒音が消えた瞬間に、「あ、音が消えたな」と認識することがあるのは、それまで知覚されていなかったにも関わらずちゃんとその騒音を感じ、脳の中に記憶として蓄積されていたためである。

狭い車内で隣の人間と身体が触れ合っている状況で、考え事をしているうちにいつのまにか身体が触れていることを意識しなくなり、それを忘れてしまうことがあるだろう。ところが急カーブに差しかかり身体が離れた瞬間に、それまで身体が触れていたことを思い出す。身体が離れたという現在起こった現象を知覚するだけでなく、「そう言えばずっとくっついていたな」と過去に遡《さかのぼ》り、意識されずに記憶されていた感覚を思い出す。

このように感覚器官に入ってきたすべての情報は、それを知覚していなくとも自動的に記憶にインプットされているのである。これは体験においても同様であり、過去のある時点において意識（認識）していなかったことが、後日「ああそう言えば」という経験は誰しもあるのではないだろうか。人間の脳は意識するしないに関わらず、知覚・経験として認識したものだけでなく、感覚・体験したことをも記憶するのだ。あらためて考えると、感覚されたものは電気信号に変換されて神経細胞を伝わり、1千億個近い脳細胞で構成される神経回路を刺激するという生化学的な現象は、意識しなくとも起こるはずであるから、現象学の考え方は理に適っている。それにしても脳の記憶容量は驚くべきものだと改めて感じる。

また知覚や経験は、単独で記憶されるのではなく、過去の記憶と相互作用して記憶される。今見えているリンゴを認識する際には、過去にあるリンゴの記憶である色、形、重さ、香りやそれが果物であり、植物であり生物であるという記憶と相互作用し紐づけながら記憶される（類化）し、またそのリンゴはニュートンが万有引力を発見したものと同等のものだなと紐づけながら記憶される（連合）。新しい知覚や経験の外部刺激は、類化や連合によって過去の記憶を呼び覚まし（触発）ながら記憶ネットワークの一部となる。

これは記憶の鮮明度とも関連しており、頻繁に触発される記憶は記憶の表層に留まるが、あまり触発されない記憶は記憶の奥に埋もれてゆき忘却してゆく。入ってきた知覚、経験、感覚、体験などの刺激情報が、時間の経過ともに記憶の海に沈んでゆくイメージである。意識的に思い出すたびに海面に浮かんでくるが、再び沈んでゆき、何かのきっかけでふと思い出す場合にも、同様に一旦海面に浮かびまた沈んでゆく。触発が一切起こらない記憶（感覚・体験、知覚・経験）は時間の経過とともに記憶の海の奥底に深く沈んでしまう。繰り返し学習すると記憶に定着するとか、第二言語は使う頻度が下がると話せなくなるとかは、この記憶の昇降現象によるものである。日々繰り返しこの昇降現象が繰り返されることによって、覚えている記憶と忘れている記憶（実際には海底深くに沈んでいるだけ）が構成される。現象学ではこの境界を「記憶の地平」と呼ぶ。

また現象学では、意識的、能動的に思い出すことを「想起」、何らかの刺激を受け知覚・経験した記憶や、感覚・体験しただけの無意識の記憶が受動的に呼び覚まされることを「覚起」として区別する。外部からの刺激によって触発されることで、知覚されず自動的に記憶されたものを含め想起や覚起が起こるのだが、時には記憶になかったことを思い付くこともあり得る。いわゆるインスピレーションである。これは想起や覚起のプロセスにおいて、過去の記憶が変容したり、過去の記憶間あるいは現在の刺激と過去の記憶の間で連合が起こったりすることで、本来記憶されていたものとは異なる新しいアイデアが創出される現象である。

さらには通常の知覚のプロセスを通らず、過去の記憶で意識的に解釈することなく知覚することもある。例えば机を見た時に、それが台形や平行四辺形に見えていても長方形なのだと理解したり、リンゴを見た時に、その裏側を見ることなく球形を思い浮かべたりするのは、類化の知覚プロセスではあるが、それは瞬間的に起こっている。このように解釈や構成することなく認識されるプロセスを現象学では「直観」と呼ぶ。認知バイアスの節で述べた、優れた経営者の方が理屈抜きに直感で最適な判断ができるのは、現象学で言うところの「直観」に類するものだと考えられる。

現象学的に見たイノベーション創出のメカニズム

前節で現象学的に見た記憶のメカニズムを説明したが、本節ではイノベーションと記憶の関係について議論する。

第二章で述べたようにイノベーションは低い確率でしか起こらないため、良質な場を数多く持つことが重要であった。また良質な場での知的コンバットで、人と人とが刺激し合い相互作用することで新たな知が創出されるとした。新たな知の創出モデルであるＤＩＣＥプロセス[3]を現象学的に見るならば、対話（Dialogue）の中で相手から与えられた外部刺激が自分の記憶に働きかけ、想起や覚起によって数々の閃き（Inspiration）が起こるものと解釈できる。当然ながら想起や覚起の源泉である記憶が良質であるほど、また記憶量が多いほど閃きの起こる確率は高くなるため、イノベーションを起こすためには良質な記憶を多く持つことが重要となる。

ここでイノベーションの創出において鍵となる2つの記憶について特筆しておく。1つは記憶の地平を超えてしまい忘れ去られたとされる記憶であり、もう1つは知覚されることなく自動的に蓄積された記憶である。

まず記憶の量について考えてみよう。前節の議論によれば、記憶の地平を超えた記憶は忘れられたものだとされるが、その記憶は消えてしまうのではなく、記憶の深淵に沈んでいるだけである。非常に強烈な刺激による触発があれば、記憶の地平の向こうにある記憶が覚起される可能性はゼロではないのだ。当然普段から様々な刺激で触発し、表層に多くの記憶を持つことが重要なのだが、ここでのポイントは、一度感覚、知覚、体験、経験して獲得したすべての記憶は脳内に存在し続け、何らかのきっかけで覚起される可能性があるということである。

また知覚されなかった感覚も自動的に記憶されるということは、意識して凝視しているリンゴだけでなく、周囲の光景、映像すべてが脳に記録されることを意味している。例えば視界の中にある部屋の片隅に落ちている1円玉も、リンゴと同時に記憶されているということである。感覚器官から得られ記憶される情報量は、想像を絶するほどに膨大であるのだ。

例えば旅先で様々な景色を見、雑踏の騒音を聞き、匂いを嗅ぎ、料理を味わい、雨風を

図4-1　知的コンバットの概念図

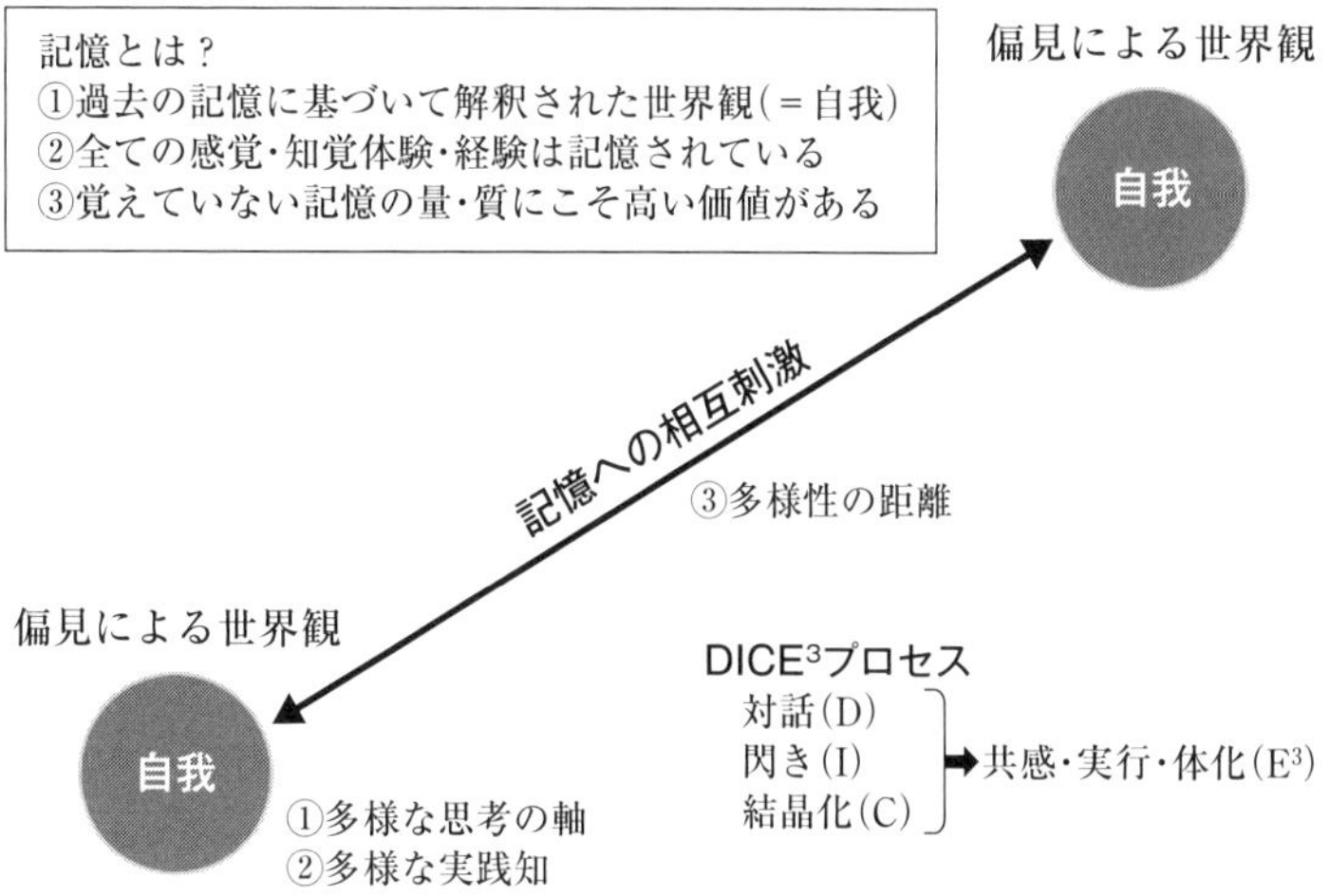

受けながら得られる知覚。空港で、駅で、ホテルで、レストランで現地の人達と会話するなどの行動によって得られる経験。これらの情報量は旅行前にガイドブックで眺めている時に得られるものとは比較にならないのだ。そればかりでなく、意識せずに感覚したもの、体験したことのすべてが情報として脳に記録されているのだから、実際に行動することがイノベーションの源泉を豊富にすることにどれだけ貢献するのか計り知れない。要するに記憶量を増やすためには、外に出て実際に感じ、体験することが望ましいということである。

記憶の質については、多様な行動を心掛けることであろう。美術館巡りをするも良し、読書をするも良し、様々な国の料理を食べるも良し、好奇心旺盛に好き嫌いせずに何でもやってみることである。これらの行動を実践することで多様で膨大な記憶が蓄積されるだけでなく、同時に多様な思考の軸を持つことができるだろう。

前ページの図4－1はイノベーション創出のために行われる知的コンバットを、現象学的な考え方を取り入れてあらためて図式化したものである。対話（Dialogue）は異なる世界観を持った自我と自我によって行われるが、その対話の中での言語や動作など相手からの発信は、自己の記憶に働きかけ触発しながらその内容が解釈され受容される。当然その解釈された内容が、相手の意図したものである場合もあるし、違う形で解釈される場合もある。またその刺激が強い場合、あるいは非日常的な刺激である場合には、記憶の片隅にあったものを想起させたり、また無意識の記憶を覚起（「ああそう言えば……」の感覚）させたりする。あるいは記憶の中でもともと関連していなかった遠い記憶と記憶とが結び付くこともある。

個人の自我だけでは起こらなかったプロセスが、他との相互作用を通じて脳内で起こることで新たな考えや発想が生まれる。これがＤＩＣＥモデル[3]における閃き（Inspiration）のプロセスである。当初それらはイノベーションと言えるような新たな価値を持つものではないかも知れないが、対話と閃きのプロセスを繰り返すことにより、ある瞬間に大きなアイデアの塊として結晶化（Crystallization）し、イノベーションとなり得るアイデアが創出される。この対話（D）→閃き（I）→結晶化（C）のプロセスがイノベーション創出のメカニズムなのである。

これまで述べてきたように、人は自我が発生した時点から、感覚、知覚、体験、経験してきたものを、それまでの記憶の作る世界観で解釈する。個人の理解の形式や行動の様式は、すべて各個人のユニークな世界観に基づいて決定され、また知覚、経験したもののみならず、意識せずに感覚、体験したものは脳に刺激を与えることで記憶されている。それらの意識的、また無意識的な個々人によって異なる記憶こそがイノベーションの創出の源泉であり、それらの量と質がイノベーション創出の確率を左右するのである。換言すれば、いかに個人が多様な思考の軸を持っているか、また多様な実践知を有しているかであり、これはいかに数多くの多様な感覚、知覚、体験、経験をするかにかかっている。

また刺激が強いほど、非日常的であるほど、閃きの確率は上がる。それにはできるだけ世界観や価値観が異なる相手と対話することだが、相手との距離感には注意が必要である。相手からの発信を何らかの形で解釈し受容できる、また逆に自分からの発信を相手に受容させることのできる距離感の相手でなければならない。この距離感は先に述べた思考の軸や実践知の量や質に加えて、コミュニケーション能力が鍵となり、これらの能力が高いほど、より遠い距離に位置する相手との相互作用、すなわち知的コンバットが可能となる。

これらの能力が、第三章においてリーダーが養うべきとして挙げた3つの研鑽すべき能力であるコミュニケーション能力、イントラパーソナル・ダイバーシティ、実践知と等しいことは非常に興味深い。またこれら3つの能力はリーダーのみならずすべての従業員が研鑽すべき能力だとしたが、イノベーションの創出においても同様であることは言うまでもない。

なおイノベーションを持続的に発生させるためには、共感×実行×体化（E^3）のプロセスによってDICE^3プロセスを循環させることが必要となる。DICE^3モデルは持続的にイノベーションを創出し、組織が進化し続けるためのモデルなのである。

共感のメカニズム

これまでの議論により、乳幼児の時に生まれた自我は、人生の中で記憶を蓄積しながら、その記憶に基づいて世界を解釈された独自の世界観や価値観を持つに至ることが分かった。当然ながら、これは世界を構成する「人」という存在に対しても同様である。他の人間を100%正しく理解することは不可能であり、あくまで自分の中での「彼」は自分の記憶に基づく解釈に過ぎない。リンゴを認識するのと同様、それは個人的な解釈であり「彼」そのものを理解している訳ではない。それは人物の全体像ではなく、一側面のみを切り取った射影であるに過ぎない。1人の人間についてどんな人物かを話し合う時に、自分の思う「彼」と他人の思う「彼」が違うことはよくあることである。

それぞれが全く異なる世界観を持ち、それを他の人間が理解することができず、相手の感情を正しく感じることができないにも関わらず、それでも現実に共感という現象が起こるのはなぜだろう？　例えばテレビドラマを観ている時に、悲劇のヒロインと一緒に泣いてしまうことや、スポーツ観戦をしている際に、選手と一緒に無意識に身体が動いてしまうことがある。

フッサールの現象学ではこの現象を、他人の世界観を射影として見る際、そこに感情移入（現象学では自己移入と表現）することによって、共通の世界観を持つことができるためとされている。しかしながら、これはいささか厳密性を欠いていると思われる。現象学的に言えば、自分の解釈した他人の世界観が、他人のそれと同じである保証はないはずであり、むしろ他人の置かれた状況を、自分のものだと思い込んでしまうためと考えるのが適切ではないだろうか。

「泣きの連鎖」で述べたのと同様、他人の感情が他人のものなのか、自分のものなのかの区別が付かず、あたかも自分のものであるように混同してしまう結果であると考えられる。すなわち共感という現象は、乳幼児時代の自我が萌芽する以前の状態に陥ることで起きるものであり、人が共感できるのはそもそも他人と自分の区別がつかない「主客未分」の状態を、本来的に人が有しているためだと考えられる。

この現象は運動感覚や感情など、より人間の本質的な（低次な）もので起こるものであるが、論理や概念などの高次なものにおいても起こり得る基本メカニズムだと考えれば、意図的に共感を引き起こすことは可能である。つまり人間が原体験として有している「主客未分」の状況を作ることによって、例えばＬＧＢＴＱの考え方を受容させたり、事業戦略に対して共感を引き起こしたりすることができる。以下、具体的な方法論について述べるが、ポイントは主語を他人から自分に変わるよう働きかけることである。

①世界観の構成を一致させる

共感を最も起こさせやすいのは、相手の世界観が自分の世界観に近い場合である。

価値観や常識、偏見が類似していれば主語の置き換えを促すまでもなく、相手の世界観の中で、自らのものとして（主語を自分として）論理や概念に共感してもらえるだろう。当然すべての世界観が同じではないため、こちらの説明を修正しながら相手の世界観に取り込ませやすいように働き掛ける必要はある。前述のアナロジーを借りれば、自分のマトリックスにある論理や概念を上手に調整して相手のマトリックスに重ね合わせることである。世界観が近ければ比較的容易にそれが可能だが、異質の世界観を持つ相手に対しては、まず相手の世界観を理解することから始めねばならない。

そのためには相手の世界観を受容する能力が求められるが、それは正に第三章でリーダーが研鑽すべき能力として述べたイントラパーソナル・ダイバーシティに他ならない。多様な思考の軸を持つことにより、多様な相手の世界観を受け止めやすくなり、こちらからの働き掛けがより的を射たものになるだろう。前節で述べたように自らが多様な思考の軸を持つよう記憶の量を増やすことが望まれる。

②主語の欠落・置換

本手法は、新しい論理や概念を相手の世界観に自ら組み込ませる方法である。こちらが伝えた内容を、それを他の誰かに自分の言葉で語るよう促す、あるいは語る場を持たせるやり方である。自分の言葉で語る回数を重ねるうちに、それがあたかも自分で考えたことのように、自分の世界観に組み込ませてゆくことが狙いである。元々他人が主語であったものを、主語を欠落させ、また主語を自分に置き換えることで共感に導くことができるであろう。これについては第六章の組織開発の方法論にて、職制を通じたビジョン浸透の取り組み事例として紹介する。

③刷り込み効果

外からの働き掛けで、相手の世界観に組み込んでゆく手法である。共感させたい内容を、表現方法を変えたり、異なった視点で伝えたり、手を替え品を替え繰り返し相手の世界観に刺激を与えることで、相手の世界観を組み替えてゆくやり方である。この様々な刺激は相手の世界観の色々な部分に働き掛けて様々な想起や覚起を促す。繰り返される刺激によって、共感に至るスピードを速めることが可能となる。

④低次の内容との抱き合わせ

こちらは高次な内容を伝える際に、五感、運動感覚、感情という低次の内容と合わせて伝える間接的な手法である。たとえば悪いが「パブロフの犬」と同様のメカニズムを利用したやり方であり、低次が起点となって高次に対する共感を生むことを狙いとしている。夢を語るとか、報酬や表彰といったニンジン的なものをぶら下げるとか、低次と言っては語弊があるが、要するに相手の内発的、外発的動機に訴え掛けることで、新しい論理や概念を受容→共感に導くことが可能となる。ただしあくまで間接的な手法であるため、先に述べた①〜③の手法を合わせて取る必要があるだろう。

以上、いくつか具体的な方法論を紹介したが、ポイントは主客未分の状態に持っていくことであり、当然他にも様々な手法があるものと思われる。なお受容と共感は似て非なるものだと考えられ、受容はその主語の変化を必要としないものであり、共感は主語が自分化されるものである。例えばＬＧＢＴＱは主語を置き換える必要のない受容であって良いし、ビジョンや戦略は共感レベルまで至らしめたいところである。

なお、お気づきの方も多いだろうが、これらの手法はリーダーシップに求められる役割や能力に相通ずる。その意味でも、人を共感させる必要のあるすべての従業員にとっても、リーダーシップ論で議論した内容は、必須なものであることをあらためて強調しておきたい。

共感を起こすために必要な能力

フッサールの現象学を用いて共感のメカニズムについて考察してきた。その骨子は以下の2点である。

①人は他人を含め世界を自身の価値観、世界観、先入観、偏見で見ている。現象学的に言うなら、個が見ている世界は射影であり、意識作用により解釈・構成されたものである。

②自我が発生する以前、自他の区別ができない時期があった。人が生を受けた時は「主客未分」の状態にあった。

人はそれぞれが異なる環境で育ち、それぞれの世界観、価値観、常識、偏見を持っている。相手を完全に理解したり、相手に自分を完全に理解させることは不可能ではあるが、原体験としての主客未分の状態を再現するよう働き掛けることで共感を起こすことは可能である。なお共感を起こすために必要とされる能力は、リーダーの役割を果たすために必要とされたものと同様の能力である。

近年、哲学を始めとしたリベラルアーツを学ぶことが注目されているが、具体的また直接的な効果が可視化し難いものであり、積極的に学ぶ意欲や動機が湧き難いことはあるだろう。本章では純粋哲学である現象学が、経営に関係する様々な事象に対し貴重な示唆を与えてくれることを見てきたが、同時に多様な思考の軸を有することの価値を少し垣間見ていただけたのではないだろうか。

本書の趣旨からは完全に脱線するが、フッサールの現象学は物や人が実際に存在することを議論しない（あるいは議論が不要な）前提でスタートした哲学である。にも関わらず、思索を推し進める上で「完全なる主観」の存在の必要性が求められた。フッサール自身はそこで行き詰まってしまったが、その後の思索は「世界に実在する存在としての人」を議論したマルティン・ハイデガー、心理学や機械的生理学を合わせて議論したメルロ・ポンティなどにより受け継がれている。これらを読み進められることで、ご自身の思考の軸を増やされるのも良いだろう。

コラム～理論の有用性について～

第一章から第三章までは経営に関する理論を実際の経営と照らし合わせることで、経営における人や組織についての理解を深めていただいた。また第四章では現象学という「思索」が中心となる学問に触れていただき、経営に役立つと思われる内容を紹介した。ただ物事を理論ありきで考えるべきではないことを認識いただいておくために、本コラムにて私的見解を述べておくことにする。

自然科学の1分野である物理学は、宇宙や世界で起こる事象を明らかにし、予測することが目的である。理論は宇宙で起こる事象を説明でき、また予測できる限りにおいて有用であるが、理論が完璧なものである保証はない。例えばニュートン力学が、その後、量子力学や相対性理論によって補正されてきたように、人類が宇宙の事象をより精確に記述する試みには終わりがない。あくまで理論は現実世界に適用できる限りにおいて有用であるに過ぎず、継続的に補正されるべきものである。

理論を鵜呑みにして物事を見るのではなく、思考する上での支援的な位置付けのものとして認識すべきである。「理論的に間違っている」のような発言は、理論の何たるかを理解されていないということである。現実の世界を説明できないのは理論が不十分であるためであり、目の前に現れた現象や現実こそが真実なのである。理論を妄信しないでいただきたい。自身の経験と照らし合わせ吟味することを忘れないでいただきたい。本書ではそれを実践しているつもりである。

例えば第四章では現象学を用いて、個人のバイアスや共感などについてのメカニズムを議論したが、それは有用な示唆を与えてくれるからであり、現象学による説明が100％正しいものであるのか、その保証はない。もっと腹落ちできる説明があれば、それはそれで良いのだ。理論や学問はあくまで思考を助けるための軸に過ぎないのである。

1　山口一郎、『現象学ことはじめ［改訂版］』（日本評論社、2012）、谷徹、『これが現象学だ』（講談社現代新書、2002）、木田元、『現象学』（岩波新書、1970）など

2　『マトリックス』（1999）配給：ワーナー・ブラザース、監督：ウォシャウスキー兄弟

第五章——人材開発の方法論

本章より具体的な方法論について述べてゆく。組織はそこに集《つど》う人々が知の深化や探索、知的コンバットを行うことによって持続的に新たな価値を生み出し進化する。ここでは組織を構成する人に注目し、その能力の向上やキャリア形成を支援するための人材開発の方法について議論してゆく。

企業と個人の関係性

多くの企業は、社内の従業員や社外の各種ステークホルダーに対して、商品・サービスの宣伝や経営情報などの基本情報を発信する。昨今ではそれらに加え、企業の存在意義や方向性について発信されることも多い。それらの発信内容は大きく2つに分類され、1つは企業がどのような考え方で、何を目指しているのかを示すゴール系（To be系）であり、他方はそのゴールを実現する上で求めるための要件系（Should be系）である。

前者には企業の思想や哲学を要約したミッションや経営理念、中長期的な企業の存在意義をより具体的に記述したコアパーパスやビジョン、さらには中長期的、具体的な企業戦略・戦術などがあり、後者は組織として大切にする価値観や風土を示すコアバリュー、担当ポストに求められるリテラシーや専門能力などの要件を定義したジョブ・ディスクリプションなどがある。また企業内部の、例えばマネジメント職や新入社員導入教育など特定の階層やグループに向けたものも要件系の発信だと言える。要件系の内容はゴールを実現するためのものであり、人材開発や組織開発は従業員がその要件の向上を支援するものであり、要件系と十分に整合したものである必要がある。

ここで人材開発について議論する前に、まず企業と個人の関係性の変化について議論しておこう。言うまでもなく、企業と従業員は一種の契約関係にある。従業員は企業の目指すゴールを実現するために成果を出し、企業はその成果に応じて対価を提供する。企業はそのゴールの実現のために価値を提供してくれると思われる人材を雇い、一方で個人は自分の価値観や目的に沿った企業を自由に選ぶことができる。雇用者と被雇用者とが完全に対等な関係性のもとで結ばれるのが本来の姿だと言えるだろう。

しかしながら、長きにわたり多くの日本企業においては、終身雇用制や年功序列型の考え方が根付いており、企業と従業員は暗黙のうちに一生添い遂げる「結婚」にも似た感覚が常識であった（結婚の概念も昨今変化してきているが）。企業は家族であり、従業員は家族の一員であり、また年齢とともにその従業員の価値は上がる。このような企業文化が、本来対等であった関係性を従業員が企業に依存する形へと変化させていった。おそらくこの形態が当時の多くの日本企業に適していたのだろう。実際バブルが弾ける１９９０年代前半までは、この形態を取る日本企業は隆盛を極めていた。ところがインターネットの普及による情報のグローバル化の進行や、企業自体がグローバル化することにより、個人が一生を一つの企業で過ごすのではなく、自分自身のキャリアとして仕事を捉える考え方へと変わってきた。企業もまた中途採用を積極的に行い、転職や副業を受容するなど、個人の価値観の変化に応じて変化していった。

この変化に後れを取ったことが唯一の原因ではないにせよ、現在の日本企業がかつての輝きを失った一因であると考えられる。新卒者を採用し、時間を掛けて人材を育成し、それによって企業経営に貢献してもらうという家族的な考え方だけでは、価値観が多様化する社会で生き延びることは難しいのである。環境の変化に適応できない企業が淘汰されてゆく一つの事例と言えるのではないだろうか。

この変化に伴い、人材育成のための投資に対する考え方も変える必要があるだろう。一生掛けて従業員を育成する家族的な発想に基づく人的投資は、人的流動性が高まるほどその投資効率は低くなる。長年、育成のために投資してきた人材が去ってしまうのだから当然の結果である。そのため経営陣にとって人的投資への優先順位が下がるのは自然な流れのように見える。ところが現実には、現在世界で優良企業とされる企業の人的投資は、成長性の低い日本企業の平均と比較して格段に大きいのである。不思議な現象ではないだろうか。ただ、だからといって今までと同様な考え方の延長線上で投資額だけを増やすのではなく、現代企業における人的投資の役割を改めて理解した上で投資してゆくべきである。

そもそも企業が人材を育成することの目的は、育った人材によってより高い成果を生むことで自企業の成長を図ることである。もちろん育成した人材が別の企業に移り、あるいはその人材自らが起業することで社会に貢献するという社会の公器的な考え方も大切ではあるが、あくまで自企業の価値を高めることが第一の目的である。すなわち人的投資は個人に対して行われるものではあるが、最終的に企業価値を向上させる、換言すれば企業の魅力を高めるためのものである。

では企業の魅力とは何であろうか。企業の従業員として働きその対価を受けることはすべての従業員において共通しているが、一方で従業員はそれぞれ異なった価値観を持ち、そこで働く動機は様々である。人はその企業で働くことに魅力を感じる限りにおいて、その企業に所属するのだと言える。例えば、

①企業の経営状態
②企業の社会貢献度

③企業の技術力や専門性の高さ
④企業の多様性の高さ

などが企業の魅力として考えられる。経営状態の良い企業は、安定した収入を得たい、高い報酬を得たいなどの外発的動機を高めるだろう。また社会貢献度が高い企業は、そこに所属し活動に参画することで、達成感や自己効力感、挑戦欲求を満たしたいという第三章で述べたタスク重要性や完結性、目標魅力度などの内発的動機を高めるだろうし、技術力や専門性の高い企業であれば、自身のキャリアを活用したいとか、更なるキャリアアップを目指したいなど技術多様性の内発的動機を高めるだろう。多様性の高い企業は、個人の様々なライフスタイルやワークスタイルを受容するという観点で魅力の1つとなるだろう。

つまり従業員にとっての企業価値は企業の魅力とほぼ同義だと考えられる。その意味において本章の冒頭で述べたコアパーパスは、社会に自社の存在意義を知らしめると同時に、多様な価値観を受容しながらもベクトルを揃えて目指せる魅力的なゴールを示すものでなくてはならない。

従業員あるいは将来従業員となり得る人達にとっての企業の魅力が企業価値であるなら

ば、企業が持続的に新たな価値を提供し企業価値を高めるために、組織の進化や従業員のリーダーシップ力向上に投資することは、企業の魅力もまた向上させることに他ならない。それゆえ環境が変化した現在においても人的投資の重要性は変わらないと言える。

一方で単純にこれまでの人材開発体系の延長線上ではなく、明確な方向性を持って効果的かつ効率的に投資することが重要となる。高い人的流動性のために投資効率が下がるリスクについては、投資した個人が企業を去ることでその投資が無駄になるとも考えられるが、企業の価値や魅力が高まるという観点で見るならば、そこで働く従業員はよりモティベーションが上がるだろうし、また学生や他の企業で働く外部のポテンシャル人材に対する魅力が高まることで、他所《よそ》で成長した優秀な人材が集う可能性もより高まるだろう。魅力を感じない人材は去るが、魅力を感じ高いモティベーションを持つ人材が社内外から集う組織が、さらに企業価値と魅力を高めてくれるという好循環を期待できる。これは価値観が多様で人的流動性の高い現代の環境にフィットする考え方だと言えよう。

またこの考え方に基づけば、投資効果についての考え方も変わる。人材開発や組織開発に対する投資が、個々人に向けたものである以上に企業の魅力を向上させるためのものであるならば、従業員満足度などの直接的な指標のみならず、様々な経営指標と結び付けて可視化し評価することが可能である。人的流動性などの人事的な指標や、生産性、論文数、営業成約率などの業務指標、また企業全体の経営諸数値と相関を取ることで、より定量的に投資効果を把握できるとともに、将来に向けてより効果的、効率的な人的投資マネジメントが可能となる。

以上のように人的投資を企業価値や魅力を高めることを主たる目的として実施し、またその効果を人事指標、業務指標、経営指標に照らし合わせて評価することは、同時に従業員に主体性を求めることになる。冷たいと感じられるかも知れないが、本来あるべき姿であるとも言える。企業が主体となって個人に働きかけ育成するのではなく、個人が自らの内発的および外発的動機に従って主体的かつ能動的に自己成長に取り組み、企業はそれを支援するという形である。

人生あるいは幸福に対する価値観は多様であり、生き方を決めるのは個人に委ねられている。働くことは人生の一部分であり、「どのように働くのか」「どんなキャリアを積むのか」は個人に対する問いである。

大企業で働くのか、スタートアップ企業で働くのか、個人事業主となるのか、あるいはNPOで活動するのかなど、個人のキャリアは企業が決めるものではなく、その人生を生きる個人が決めるテーマである。キャリアのオーナーシップは企業ではなく個人にあり、企業の人的投資は個人のキャリア形成を支援するために行われる。個人のキャリア形成を支援することで個人が成長し、そのプロセスの中で企業はより多くの成果を獲得し、その価値や魅力を上げてゆくという考え方である。自分の価値観を受容し、また自由に移動できる労働環境を求めるのであれば、自己成長やキャリア形成は自分自身で能動的に取り組むマインドセットが逆に求められる様になるということである。

企業と個人との関係性について今一度まとめておこう。終身雇用制や年功序列型の関係性を、

①従業員は業務を通じて価値（≒成果≒労働）を提供し、企業はその価値に見合った対価を提供する。
②企業は従業員が成長するために教育を実施し、従業員は成長に見合った価値を企業に提供する。

であるとすると、多様化した価値観を持つ人材が流動性高く移動する環境に適した関係性は、

①従業員は業務を通じて価値（＝成果≠労働）を提供し、企業はその価値に見合った対

価を提供する。

②企業は従業員が成長するための支援を実施し、従業員は成長に見合った価値を企業に提供する。

となる。

①は成果と報酬に対する考え方の違いを示したものであり、両者において価値が成果を意味するという点では等しい。しかしながら前者はより性善説的な立場であり、現在の成果は過去より蓄積された価値のおかげだと過去の成果に配慮する考え方、また生産性は高いものだとの前提で労働力や労働時間が成果の量に比例する、働けば必ず価値を生み出すとする考え方である。従業員のモティベーションが高く、全員が主体的に成果を生み出し続ける企業も多いと思われるが、実際にはそうでない企業も少なくない。現在価値を生んでいない従業員が厚遇されたり、価値を生み出す能力を持つ（若手）人材に機会が与えられないような企業は、内部の従業員あるいは外部の人材にとって魅力度は低いだろう。

一方で後者における価値は同じく成果であるが、それは労働力の提供ではない。価値は生み出された成果であり、またそのプロセスで獲得された実践知である。将来変化する可能性を否定しないが、少なくとも現在は後者の考え方をフェアだとする流れにある。

②は前記で議論した人材育成に対する考え方の違いを示すものである。前者は企業が主体的に従業員を教育する考え方であり、後者は従業員が主体者として能動的にキャリア形成に取り組み、企業はそれを支援する結果として企業価値や魅力を向上させるとする考え方である。個人がより自由な労働環境を求める社会に対して企業が変化し適応する一方で、個人には自らのキャリア形成を自己の責任において取り組むことが求められる。

以上2つの考え方を対比する形でまとめたが、決してどちらかが正解というものではなく、両者を何らかのバランスさせた中間的な考え方もあるだろう。社会環境の変化に自社はどう適応するのか？　環境変化のスピードに遅れないことはすべての企業に共通するが、その解は企業ごとに異なるものだと考えられる。

企業が求める人材像

企業が発信する要件系はゴール系を実現するために必要とされるものであり、ゴール系の発信内容と整合したものである。また人材開発はその求められる要件をより高めるものとして提供されなければならない。企業の目指すべき姿がそれぞれ異なるとすれば、求められる人材もまたそれぞれ異なるだろう。しかしながらそこに共通する要素はないのだろうか。

一旦これまでの議論から離れて、皆さんの企業にとってどのような能力を持つ人材が求められるのか問いかけてみたい。業務遂行力の観点ならば、基本的なリテラシーや高い専門能力を持つ人材、組織マネジメントの観点ならば、多様な思考の軸や実践知を持ち、コミュニケーション能力の高い人材、イノベーション創出の観点ならば、多くの外部ネットワークを持つ人材や、クリエイティブな人材など枚挙にいとまがなく、様々な観点から多岐にわたる能力が挙げられるであろう。一方でこれらの求められる能力は、企業に特有の、例えば特定の技術分野の専門能力などを除けば、多くの企業において共通して必要とされる人材ではないだろうか。

企業が求める人材がある程度共通するという仮説に基づいて、以下1つの事例を分析することで、その共通要素を掘り下げてゆくことにしよう。

図5－1はパナソニック コネクト株式会社の2022年度における研修体系を示したものである。横軸は各カリキュラムを受講する上での主体性を示しており、右側に位置するものほど、より能動的な参加が必要とされる。縦軸はそのカリキュラムの受講効果の即効性を示しており、上側に位置するものほど受講後すぐに活用して成果に繋げられることが期待でき、下側に位置するほど成果として現れるのに時間がかかる。なお内容の難易度

図5-1　2022年度のパナソニック コネクト研修体系

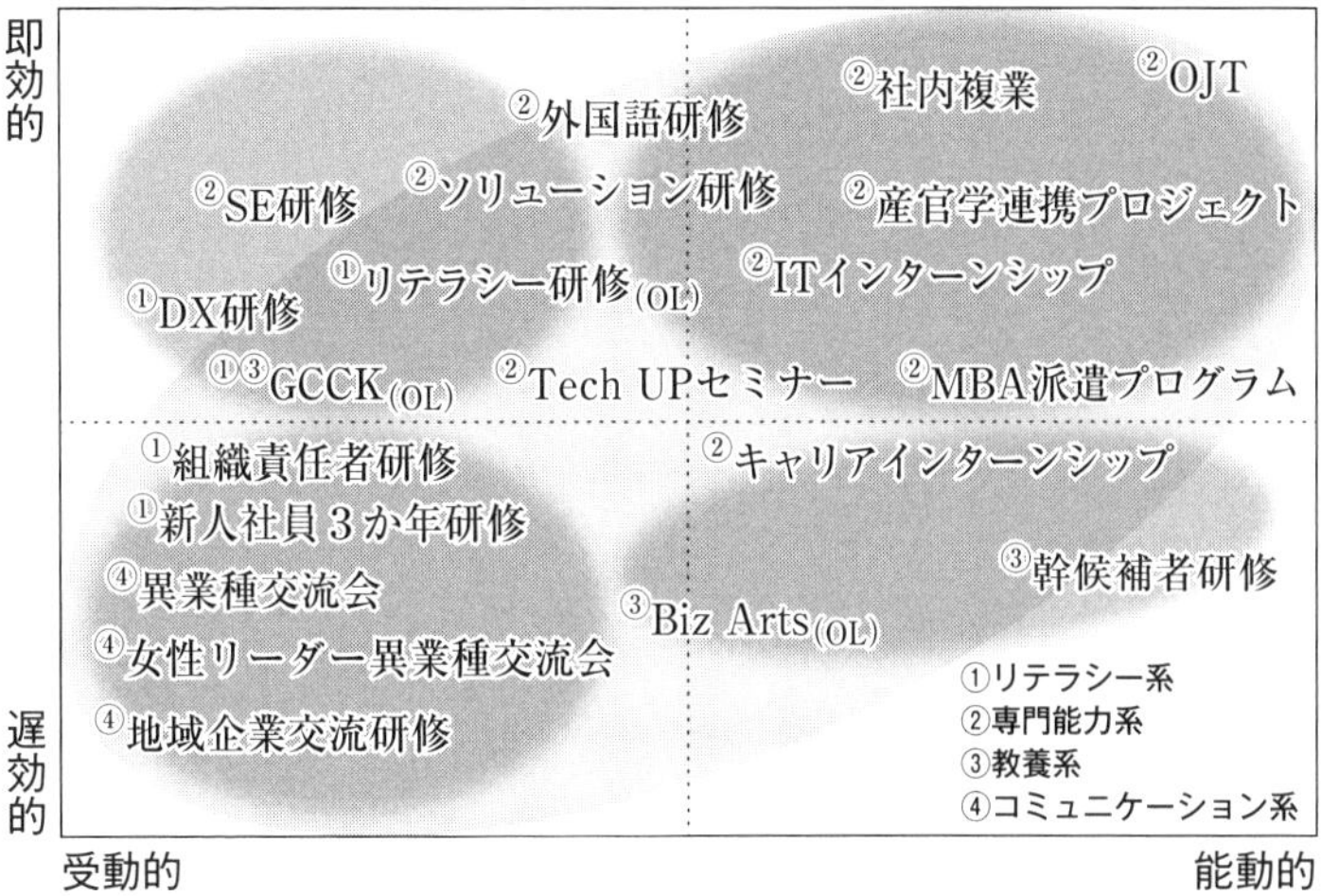

については本図では考慮されていない。

本図でまず興味深いのは、研修カリキュラムが、①リテラシー系、②専門能力系、③教養系、④コミュニケーション系の４つに大きく分類され、またそれぞれのカテゴリーが各象限に分かれて分布している点である。

リテラシーのカテゴリーは業務を遂行する上での基本的な知識の習得を目的とするものであり、即効性を期待したカリキュラムが多い。様々な職種の従業員を対象とした基本的な諸知識や、ある職種の業務に必須となる専門知識の提供が目的であり、集合研修よりもオンライン講習が多く、また受講を強制するものではなく従業員それぞれの主体性に任せたカリキュラムとなっている。そのため図5－1では左上の象限に分布する傾向が見られる。

次に専門能力のカテゴリーだが、こちらはある程度の基礎知識や経験を持った上で必要に迫られた、また知識や能力を高めたい人材を対象としたカリキュラムが多い。それゆえ受講する限りは能動的に学ぶことを求められ、また即効性が期待されているため右上の象限周辺に分布している。しかしながらカリキュラムの内容を吟味すると、特定の職種に偏った提供となっていること、また企業内部の人材を講師とするものが多く、企業外部の新しい情報や知識を学べるカリキュラムが少ないことなど課題が散見される。

多様な思考の軸を鍛えるための研修カリキュラム（以降「教養」と呼ぶ）は右下の象限に分布するはずのものであるが、大きく欠落しているのが実態である。目に見える具体的な成果が期待できず、また成果に直結しない遅効的なものであるため、提供の優先順位が低いのだろうと考えられる。コミュニケーション能力がツールだとすれば、教養は判断の軸であり、またインスピレーションの源泉である。本カテゴリーの充実も喫緊の課題であろう。

最後にコミュニケーション系だが、日々の業務の中で学ぶものとするOJT的な考え方が支配的なためか、自由参加型で目的もあまり明確でなく参加することに意義があるとされるものが多い。これまで議論してきたように、コミュニケーション能力は組織で働く上において最も重要なツールの1つであり、その研修カリキュラムが左下の象限に偏って分布しているのは大きな課題である。

以上、企業の求める人材の共通要素を見出すために本事例を見てきたが、本分析でグループ化した4つの能力は、ゴールの違いに関わらずすべての企業人材に求められるものではないだろうか。コミュニケーション能力と教養は、第三章で議論したすべての従業員が研鑽すべき3つの武器のうち2つであり、またリテラシーと専門能力は、T型あるいはπ《パイ》型人材[1]のそれぞれ横棒と縦棒に相当する。企業特性に応じて4つのカテゴリーの重みが異なる、あるいは他に重要なカテゴリーがあることを否定するものではないが、まずはこれら4つのカテゴリーを共通要素として議論を進めてゆくことにしよう。

なお一点課題提起しておきたいのは、図5－1のように左下から右上に伸びた楕円状に分布していることの是非である。各カテゴリーの特性を表した自然な分布だと見ることもできるが、人材開発に対する明確な思想や意志を持たずに漫然とカリキュラムを集めただけの、誰にでも作れる差別化要素の少ない単なるカリキュラムの集合体と見ることもできよう。例えばコミュニケーション能力を強化するために、右側象限に位置するコミュニケーション研修カリキュラムを提供するなど、課題意識を持ち改善施策を講じれば、カテゴリーが4象限に分かれた楕円状の分布は崩れてくるだろう。

開発すべき5つの能力

前節にて企業が従業員に求める4つの能力を紹介したが、本節ではこれらの能力に、リーダーに求められる能力の1つである実践知を加えて、それぞれ詳細に見てゆく。その前にあらためて経営理念、コアパーパスなどの上位概念から人材が開発すべき具体的能力までの関係性をおさらいしておこう。

図5－2はその関係性を示したものである。経営理念やミッションを最上位として、それに基づいたより具体的なビジョンや、存在価値を示すコアパーパスが位置する。これらはゴール系の発信であり、それらは中期計画や戦略、事業計画やアクションプランで補足されることが多い。その下には要件系が位置する。ゴール系を実践し実現するための要件、組織として重要かつ必要と考える価値観（コアバリュー）、業務内容を記載したジョブ・ディスクリプション、個人の行動指針（コンピテンシー）、あるいは各ポストに求められるリテラシーや専門能力などがそれに相当する。

図5-2　人材開発の体系図

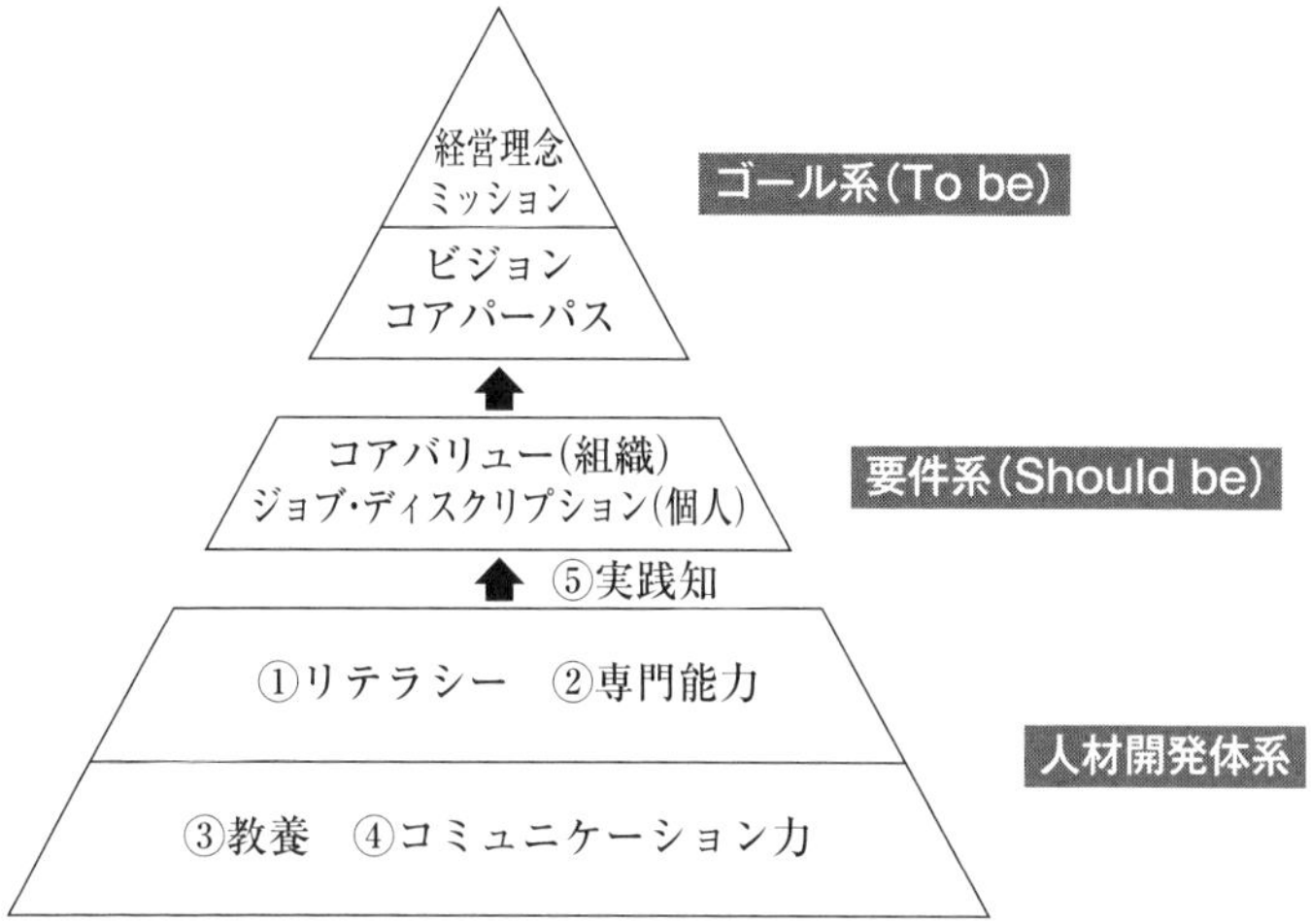

最下段に位置するものが人材開発体系であり、ゴール実現のために求められる能力を習得または向上するために従業員に提供される場であり、また習得した能力を実際に使用し経験を積むことで実践知として蓄積させ、その結果としてゴールの達成および持続的な企業価値の向上を期待するものである。このように人材育成体系は最上位にある経営理念の遂行を支える基盤的位置づけとなるものである。

図5－2において4つの能力のうち、教養とコミュニケーション能力を最下段に置き、リテラシーと専門能力をその上に重ねる形で示している。第三章で議論したように、教養とコミュニケーション能力は、リ

ーダーを筆頭としてすべての従業員に求められる能力であり、組織として新たな価値を創出するために職種に関わらず不可欠な基盤能力である。前節でも触れたが、教養は判断を支援する軸でありまたインスピレーションの源泉であり、コミュニケーション能力はそれらを組織で活用するためのツールである。

一方でリテラシーや専門能力は業務を遂行するために必要な知識や技術、技能であり、職種に応じて異なる能力である。

ここで留意しておきたいのは、リテラシーや専門能力を用いて生み出される成果の質や量は、下段の教養とコミュニケーション能力によって大きく左右されるという点である。広範なリテラシーや高い専門能力を有していても、下段の2能力が低ければ十分なアウトプットは期待できない。新たな知や価値が他の人間との相互作用において創出されることは、ここまで読み進めてこられた読者には言うまでもないことであろう。

実践知はその字のごとく、実際に行動する中で獲得される知である。詳細は後述するが、ここでは4つの能力との関係性について述べておこう。リテラシーや専門能力を高めたい際には、この研修カリキュラムを受講すれば良いというように、高めたい能力と特定の研修カリキュラムを紐づけられる場合が多い。またリテラシー研修で学びそれを実践して体得し、不足な部分を専門研修で補いながら再び実践してさらに体得するというように能力と実践知との関係性が分かりやすい。

一方で教養やコミュニケーション能力は、例えば行動心理学やディベート手法の講義を受けたからといって、それを実践で即活用し成果に繋げることは難しい。学習した内容は独立してではなく、それらを組み合わせあるいは融合させた総合力として力を発揮するためである。

実践における様々な場面において、研修で学んだことが使えそうだと試してみても、状況が刻々と変化するため別の思考軸やコミュニケーション手法が必要となり、結果的には学んだ軸や手法が役に立たないと感じた経験が誰しもあるだろう。つまり教養やコミュニケーション能力とは、各カリキュラムで学べる個片を言うのではなく、それらを総合した1つの抽象的で暗黙知的な能力なのである。総合力として実践に向き合い実践知を体得するものであるため、個片の能力と実践知が直接関係しないという点で、リテラシーや専門能力とは異なる性質のものである。

それでは開発すべき5つの能力をそれぞれ見てゆこう。

①リテラシー

各論としてのリテラシーは多岐にわたる。日常業務のリテラシー、マネジメントにおけるリテラシーから企業の規則、コンプライアンス等の社会的規範や企業規則など様々ではあるが、一般的には研修形態として座学中心であることは共通している。もちろんカリキュラム内に実践的な内容が含まれるものもあるが、多くは学習後に実践を通じて実践知化を進めることで、少し使える状態から使いこなせると言える状態になる。

例えばExcelやPower Pointなどツール系のリテラシーは学習したその日からある程度使えるだろうが、その後の実業務等で繰り返し使うことで、新しい機能や使い方を学びながら使いこなせるレベルまで実践知化される。このように日常業務で活用する機会がある場合は実践知化しやすいが、使われないものは時間の経過とともに忘れ去ってしまう。リテラシーは日々使いながら研鑽を重ね、実践知化されて初めて価値を生むことが可能となる。

ここで特に手法系や方法論系のリテラシーについては、基盤能力との重要な関係性について述べておかねばならない。例えばマネジメント研修で「マネジメントは任せて任さず」、「アメとムチのバランスが大切」だとか、思考法の研修で「クリティカル思考やロジカル思考、デザイン思考はこういうものである」などといったことを座学で学び、実践を想定した演習やロールプレイなどで学んだとしよう。当然のことながら早速実践で使ってみると、上手く行くこともあるだろうが、そうでない場合も多いのではないだろうか。知識として知ることは大切だが、それは実践で使って成果を出せるのとは次元が違うと誰もが知っている。ただそれを「やっぱり習ったことをすぐに使うのは難しい」と単なる慣れの問題として安易に片づけてしまうべきではない。

学んだ手法や方法論を実践で使い、またそれを実践知化するには、まずその前提として基盤能力である思考の軸とコミュニケーション能力が必須であることを理解すべきである。基盤能力が低く薄っぺらな中身では、いかに優れたマネジメント手法や思考法を使ったところで十分な成果を出すことは難しい。また逆に基盤能力が高いほどリテラシーの実践知化は進みやすいと考えられる。

いずれにせよ実践知化されないリテラシーはそれだけでは価値を生まない。大学で学んだ多くの学生が就職してすぐに業務で成果を出すことが難しいのも、まさに実践経験による実践知の蓄積が十分でないためであろう。この課題には教育機関としても向き合い始めており、近年多くの大学で教育のカリキュラムに実践知化のプロセスを導入する取り組みが進められている。ケーススタディやアクションラーニングの積極的な活用もその1つである。

オンライン学習で有名なミネルバ大学では、学生は4年間の間、世界の主要7か国で生活し、座学と並行してその国の文化や思想を実体験として学ぶカリキュラムを採《と》っている。またオンライン授業においては、学生は事前に学習した上で、ディスカッション主体の形が取られている。学習したことの実践知化まで視野に入れた事例として学ぶところは多い。

②専門能力

専門能力向上のための研修は、新しい価値の創出において最も直接的な効果が期待できる施策である。技術職のみならず、他職種においても知の深化や探索、また知的コンバットにおいて、それぞれの専門能力の高さや知識・情報量の多さは新たな価値が創出される確率を上げる。従業員の育成のみならず、外部からの人材招聘においても専門家が重視されるのは自然な考え方であろう。

専門能力は大きく3つに分類できる。1つは現在の業務と密接に繋がっているもの、もう1つは現在の業務との関連性は薄いが将来的に役立つ可能性があるもの、そして3つ目が現在の業務と全く関連性がないと思われるものである。前の2つについては、どちらかに分類することが重要なのではなく、研修カリキュラムの内容と投資金額を策定する際に、どちらの要素が強いのかそのバランスを意識して進めることが重要である。最後のものは、専門能力というよりも教養の１つとして考えるべきかも知れない。

また専門能力や知識を広げるための機会という観点で見ると、

(1)ＯＪＴ、企業内関連部門との交流、内部講師による研修など
(2)展示会・セミナーへの参加、教育機関での学習、業界・学会等コミュニティ活動への参画など
(3)官学、第三者機関との共同研究など

に大きく分類される。これらのうち(1)は企業内部での専門能力向上の取り組みであり、現在の業務に関連性の高いものを中心に学ぶ機会を提供するものであり、(2)と(3)は外部からの知見に触れる機会の提供である。当然(1)の整備もおろそかにすべきではないが、知の探索系の機会を充実させる意味で、力点は(2)と(3)に置くべきであると考えられる。(3)については第二章で、教育機関との連携について事業と研究室が密接に連携することによって、教育機関と企業との間で人と知をシームレスに繋ぐ重要性を述べたが、そのように繋がることのできるしくみを組織としてしっかりと構築するこ

とが重要となる。

⑵は様々な外部接点において、様々な知識や情報を獲得する機会であり、研修として議論するべきものではないかも知れない。それにも関わらずここで取り上げているのは、⑵が知の探索活動として重要であるにも関わらず、多くを各従業員の主体性に委ねてしまっているためである。多様な知の探索は、主に⑵によって獲得されるものである。従業員の知の探索活動を促し、ひいては従業員それぞれの機動力が上がり、主体的、積極的に知の探索活動を行う組織となるための施策を、研修体系に組み込むことが必要ではないかと考える。

なお専門能力の研修体系構築においては、人事職能だけで整備・充実させることは困難であり、各職能と連携し協力を得ながら進める必要があることは言うまでもない。

③教養

ここまで議論してきたように、教養は様々な判断、決断を行うための思考の軸を提供するものであり、また既存知の組み合わせ、新解釈によるイノベーション創出の源泉となるものである。リーダーを始めとしたすべての従業員は業務を進める中で、日々様々な判断・決断を行っている。その多くは論理的または科学的に判断できるものであり、リテラシーや専門能力の領域でカバーが可能である。ところが現実には、互いに矛盾する事象が存在する案件やトレードオフが生じる案件、不確実性の高い案件など、論理的・科学的アプローチでは判断、決断に窮する内容に直面することも少なくない。この際、より適切な判断や決断を下すための基盤となるのが多様な思考の軸である。また多様な思考の軸は革新的な発想の源泉でもある。ここで言う教養とはこれらを高めるものを意味する。

一方で教養は総合力として発揮されるものであり、「○○の能力を向上するために、○○研修を受講すれば良い」という1：1的に提供できるものではない。これらを認識した上で、教養の研修カリキュラムを設計することが重要となる。例えば人材評価や人材活用に用いられる指標としてコンピテンシーというものがある。これは高い成果を生み出す人物に見られる行動特性を抽出し纏《まと》めたものだが、信頼構築、価値共有、顧客重視など8項目に整理、人材開発の指標として活用されている会社もある。しかしながらコンピテンシーはあくまでアウトプットとしての行動を評価するもの、あるいは課題を認知し自覚を促すためのものであり、課題克服のための具体的なアドバイスを示すことは難しい。コンピテンシーは優秀な人物の行動を分析し、そこから優れた行動特性を抽出したものである。ある行動は「実践知」が発露したその人物の一側面に過ぎない。

人材開発の視点からは、切り取られた1つの側面に着目した個片のカリキュラムを用意するのではなく、より本質である「実践知」を培うための基盤を提供するべきと考えられる。多様な思考の軸を増やし革新的な発想の源泉を豊かにするための研修、それらが総合して「教養」を高めるような研修体系を提供する必要があると認識すべきであろう。

教養カリキュラムの最たるものはリベラルアーツであろう。またリベラルアーツに限らず、企業の経営理念なども教養に属するものである。例えば松下幸之助氏ら優れた経営者の考え方は、現在第一線で活躍されている経営者が学びとされている場合も多い。それを絶対的なものとして崇拝するのではなく、また昭和時代のアナクロ的な考え方だと軽視するのでもなく、企業内に存在する貴重な思考の軸として、哲学や行動心理学、芸術などと同様、適切に研修に組み入れることは有効だと思われる。また昨今では少なくなったが、懇親会などで酒を酌み交わしながらの先輩や上司との会話は、バイアスまみれで非常に効率が悪いものの、1つの教養教育の場と言えるかも知れない。

リベラルアーツには社会科学、人文科学、心理学、経営科学、芸術などの体系化されたものと、ＳＤＧｓや米中関係などの時事的、地政学的テーマについての各論的なものがある。前者がより体系的、普遍的な思考の軸を形成するための基礎編だとすれば、後者はより各論的、実践的な思考の軸となる応用編だと言えよう。基礎で基盤を固めた後に各論を学ぶのか、同時並行で学ぶのかは人それぞれで良いが、少なくとも基礎編と応用編を区別した形で提供するのが分かりやすいだろう。なお著者の私見としては、後者の内容にはバイアスがかかっていることが少なくないため、ある程度基礎編で教養の基盤を固めておくのが良いのではないかと考える。

④コミュニケーション能力

コミュニケーション能力は、組織活動である企業で働く上での基盤となる能力である。知的コンバットにおいて相手との相互理解や信頼関係を構築するために、またリーダーがビジョンをナラティブに語り共感させたり、個々の多様な価値観を受容した上で各々を動機付けしたりするなど、コミュニケーションは社内外のあらゆる人との関わりにおいて必要とされる能力である。

それにも関わらず、コミュニケーション能力はＯＪＴを通じて自然に学ぶものだという考え方が未だ主流であるように感じる。業務において、時には相手に共感を覚えさせながら説得したり、時には相手をロジックでねじ伏せたり、またある時は他者の意見を受け入れながら自分の考えを修正したりと、様々な状況で様々な対応が必要とされる。日常業務での会議や報告の場などで、時間を掛けながら実践知を養うことが重要であることを否定しないが、それに任せ切るのではなく企業としてより積極的、能動的にコミュニケーション能力の強化・向上に働き掛ける必要があるのではと考える。

リラックスした環境で、他者を否定せず、心地良く語らい合うネットワーク作り的なカリキュラムに留まらず、コーチング、スピーチ、ディベートなど明確な目的を持ったカリキュラムを充実させることに加え、それらを実践知化させる工夫も必要であろう。そのためには組織としてコミュニケーションする場の提供が重要であり、組織開発における組織進化の取り組みとの連動も必要となる。

⑤実践知

ここで述べた4つの能力は、実践における実践知化が求められる。実践で実際に活用することで身体に覚え込ませ、無意識的に使いこなせることで成果に繋げることが可能となる。リテラシーの項でExcelやPower Pointなどのツールの実践知化について述べたが、他の3能力においても同様である。ただ特に教養やコミュニケーション能力の実践知化は容易ではない。修羅場の経験を踏ませるという配置的な施策を含め、研修で学んだ内容を効果的に実践投入できる場を提供することは不可欠であり、個人の能力向上のためにも組織開発の取り組みが重要となる。141ページの図5―2において実践知を人材開発体系と求める要件との間に示したのは、この点で他の能力とは異なる位置付けのものであるためである。

以上、実践知を含めた5つの能力について詳しく述べてきた。それぞれが重要な能力であるが、あらためて教養とコミュニケーション能力の強化を意識的に検討する必要性は強調しておきたい。効果が即効的でなく成果への繋がりが見え難いために優先順位が低くなりがちだが、これら2つの能力がその他2つの能力を最大限発揮させ成果の質と量を左右する上で、また組織進化が好循環する上で必要不可欠な能力なのである。

投資配分の考え方

具体的な事例紹介の前に、投資の配分について簡単に触れておこう。

人材開発体系の設計構築には、人事職能が明確な思想や意志を持つことが重要であると述べたが、それは人的投資の投資配分に顕著に現れる。例えばジョブ・ディスクリプションをベースに社内外から必要な人材を調達するので、人材開発投資は不要であるとの考え方もあるだろう。またそこまで極端でなくとも、外部人材の招聘と内部からの生え抜きとのバランスに対する考え方も投資のやり方に現れるだろう。ここではその基本的な考え方を示しておく。

単純に研修内容を充実させるのであれば、いずれの能力のカリキュラムにおいても図5－1の右上の象限、すなわちより受講者は主体的・能動的に学び、即効性の高いものを提供するのが良いだろう。しかしながら右上の象限ほど、投資金額は高くなり、管理工数や受講者の工数や負担が増加する傾向にある。現実的には限られた原資で効率よく投資を行う必要がある。カリキュラムの受講方式には、

①企業側から受講を働きかける「選抜型」
②受講人数を指定した上で自主性を重視して希望者を募る「公募型」
③個人、組織の意志で自由に受講できる「プラットフォーム型」

の3つの方式があると考えられる。選抜型はより特定の個人に、より特別かつ高度な内容を学ばせるものであり、1人当たりの投資金額は、選抜型＞公募型＞プラットフォーム型の順で高い傾向がある。投資配分の検討をするにあたり、まずは4つの能力とこの3つの受講方式で原資を振り分けることである。選抜型の専門能力に集中投資するのか、あるいは広く遍《あまね》くリテラシー学習の場を提供するのか、また教養のカテゴリーの選抜、公募、解放の配分をどのようにするのか、4×3＝12の枠にいくらずつ張るのかは、人材開発体系の設計意図を明確に示すものとなる。

また企業の魅力を上げる目的である人材開発は、その投資効果を様々な業務指標と相関させ定量化することが可能であると述べたが、理想的にはそれらのフィードバックを受け、人的投資のポートフォリオマネジメントを実施できることが望ましい。少なくとも人材開発体系は、その投資効果を基に進化させてゆくものだと認識しておくべきであろう。

リノベーション事例

本節では図5－1（137ページ）で分析した研修体系の、リノベーションに向けた検討内容を紹介してゆく。これらは近々導入予定のものであり、大きく考え方が変わることはないだろうが、実際の導入時には多少の改変が生じるものと思われる。中にはこれまで述べてきた内容が実践できていない部分も出てくるが、実際の実施内容と理想との間に差異が生じることは日常で起こりうることである。その差異を将来へのＴｏ Ｄｏリストに書き留めながら、考え方の軸をブレさせることなく取り組む現場の手触り感を感じていただくため、飾ることなく紹介してゆくことにする。

本取り組みの開始当初、現状分析や基本構想の設計までは数名で検討を進めていたが、コンセプトの文書化・資料化、予算の枠組み検討、個別カリキュラムの設計から導入準備等、実行動が必要となるタイミングで「アカデミー準備室」を設置し、担当の明確化や全体進捗の管理など組織的な動きを開始した。特にボリュームが大きいと予想される職能別の専門能力カリキュラムの設計においては、事業場の担当人事の責任者に兼務で参画いただき、現場の意見を反映させながら設計を進めていくことにした。

表5-1　各カテゴリー投資配分の変化

（当年度→次年度）

	プラットフォーム	公募	選抜	合計
リテラシー	2→1%	29→30%	55→18%	85→49%
専門能力	0→0%	5→17%	3→9%	8→26%
教養	0→0%	5→17%	2→8%	7→25%

具体的な事例を紹介する前に、まずリノベーションを行うことで予算の枠取りがどう変化するのか、その目論見から見てゆきたい。表5－1は、人材投資の研修部分における当年度から次年度予算への投資内容の変化を示したものである。投資配分を議論するため、投資金額の絶対値ではなく当該年度の総投資金額に対する比率で示している。本表においてコミュニケーション能力を記載していないのは、残念ながら別枠での検討となったためである。時間的制約があったこともその理由の1つではあるが、コミュニケーション能力を研修カリキュラムとして充実させることの優先順位について、参画メンバーの理解を十分に得られなかったためだと考えている。

ここまで本書を読み進めてこられた読者であれば、コミュニケーション能力向上の優先順位の高さをご理解いただけていることだろう。しかしながら、一方でコミュニケーション能力の研修が、本当に能力の向上に効果があるのかについては著者にも確証がない。信じて進めるべきだ、と著者の直観は言っているが、直観だけで共感を生むことは難しい。著者が過去のように事業場のトップであれば、まずはスタートさせ徐々に共感者を増やす手法が取れたのだが、メンバーの主体性に委ねるべき当時の立場でその手法を使うべきではないと考えた。直観による決断と合意形成による決断のスピード差を示す、また皆の共感を生み、ベクトルを揃えることが一朝一夕にいかないことを示す典型的な事例だと言えよう。

さて本表において設計思想の変化が如実に現れていることが見て取れる。リテラシー、専門能力、教養の投資配分は、当年度が85%：8%：7%であるのに対し、次年度は49%：26%：25%と専門能力と教養への投資を大きく増やしている。これまでリテラシーに偏って投資されてきた反省を踏まえ、新たな知を生み出すための源泉となる専門能力や、判断や決断を行うための思考の軸となる教養にもっと投資すべきとの方向性を反映したものとなっている。なお選抜型よりも公募型の投資がより大きく増えているのは、対象人数を公募型に厚く構えようとの考えによる。これが最適なバランスにあるのかは現時点では判断できないが、運用した結果を受けて、継続的に体系を進化させてゆくことになるだろう。

なお金額について触れておくと、たまたまではあるが当年度と次年度の総投資金額はほぼ同額となっている。当年度のリテラシー特別予算として、全責任者対象のマネジメント研修に使用した枠を、次年度では専門能力と教養に振り分けることができたためである。

それでは以下、導入に向け、検討した内容を紹介してゆく。

①リテラシー

現状リテラシーのカリキュラムは、主にプラットフォーム型で自由参加のオンライン形式を取っている。外部業者の提供する多岐にわたる教材から、受講者が必要と思われるものを選択して受講する形である。リテラシーは実践知化されて初めて価値を生むと先に述べたが、カリキュラムの特性上、基礎的な内容を総花的に網羅せざるを得ないためか、実践知に繋がるような講座は皆無に近い。あくまで学びのきっかけとしての場の提供が主たる目的である。

一方で幹部候補者を対象としたリテラシー研修は、十分にリソースを掛けて半年〜

1年単位で行うものではあるが、その対象者は極めて限定的である。ちなみに現状のプラットフォーム型は全従業員12、000名中、延べ約7、000名が受講、一方で幹部候補者向け研修の対象者数は50～100名と全体の1%にも満たない。

これらの橋渡し的な位置付けとして、公募型の強化に取り組むことにした。希望する全員が受講できるが基礎的知識の提供に留まるものではなく、また詳細かつ高度な内容であっても1%の限られた人間しか受講できないものでもなく、より詳細な内容をカバーし、かつ数百名単位の人間が受講できるカリキュラムの設計を目指すことにした。また大きな括りとしては実践系、マネジメント系、ベーシックス系で組み立てることとなった。

当初はこれら3つのカテゴリーをさらに細分化し、それぞれを単講座と対応させたマッピングを提供することで、個人が学びたいリテラシーに対応する講座を適切かつ容易に選びやすくするという方向で設計に着手した。講座内容は詳細で枝葉末節もカバーする、より高度なものではあるが、換言すればこれは単にプラットフォーム型の延長線上に過ぎない。議論を重ねた結果、中・上級向けリテラシー研修の方向性として、より詳細、枝葉末節の内容を学ぶ場の提供ではなく、実践における使いこなしを目指すものにすべきとの結論に至る。

本章の「開発すべき5つの能力」の節で述べたが、リテラシーにはツール系と手法・方法論系があり、特に後者においては、単講座のみでは使いこなすことは難しく、多様な思考の軸である教養や、他者との相互作用を上手に行うコミュニケーション能力の基盤能力が必要である。本取り組みはそれに加え、リテラシーを学習する中でいかに実践知化を支援するかという観点に立つものである。

関連する複数リテラシーに相互の繋がりを持たせて総合的に学ぶことで、より実践への展開が容易となり実践知化を促すのではないか、との仮説の下、個人が興味のあるもの、弱みと認識しているものを単講座として受講する形ではなく、複数の単講座をパッケージ化し、講座間の有機的な繋がりを持たせた形で提供する方向に転換した。例えばクリティカル思考、デザイン思考、ビジネス定量分析、プレゼンテーション、ファシリテーション、ネゴシエーションなど様々な単講座を、1つにまとめて「実践力強化コース」として提供するのである。

実際の業務においては、リサーチや分析を行い、それらに基づいて思考し、ドキュメント化してプレゼン、交渉など相手に働き掛けるという一連の流れがあり、上記の単講座をワンパッケージ化することで、より実践に展開しやすいものになるのではと考えた。もちろん単講座の内容は座学だけではなくグループ討議や演習のあるインタラクティブなもので構成した。初めての試みということで外部有識者からのアドバイスを参考にしながら組み立てたが、以降は受講者の反応やフィードバック、実践知化の進捗などを見極めながら、パッケージの組み換えを行って継続的にコースを進化させてゆくことになるだろう。

なお余談ではあるが検討の中で、多くの研修を受けること自体を目的とする人間や、あるいは業務が忙しく受講時間の調整が難しいとの理由で尻込みする人間などが出てくるのではないか、との意見が出たが、それはそう言う人間もいるのだと受容すれば良い。物事の設計には遊びが必要であり、多少のゆとりは許容すべきである。特に大きな組織においてはままあることである。重箱の隅をつつくことにリソースを割くよりも、モティベーションが高く主体的にキャリア形成を望む従業員に対し、より価値の高いカリキュラムの提供にフォーカスすべきであろう。

②専門能力

専門能力のカリキュラムは、職能ごとで色合いが大きく異なる。ただ総じてその多くは基礎的な内容が多く、散発的で体系化も不十分である。また外部機関との連携など、外に知を求める機会が決定的に欠落しており、その強化を中心に検討を行った。

(1) 教育・研究機関との連携

大企業であれば包括契約等で大学などの教育・研究機関と接点を持っているケースは少なくない。ただ第二章で述べたように、企業と教育・研究機関の組織対組織の関係性はもちろん有効ではあるが、より重要となるのは個別の事業場と個別の研究室との有機的な繋がりである。本事例では事業場の技術部門と大学の研究室との連携を支援する取り組みについて紹介する。

パナソニックは全国の教育機関等との接点を数多く持つ。一方で個別の事業場の技術部門が外部の知を求める場合に、どのように進めれば良いのか、そのしくみは十分に整備されていない。そこでまずその膨大な連携先データを、事業場の意見を反映させながら整理・グルーピングし、連携の可能性が高い候補先を容易に見つけ出せるリストの作成に着手した。

しかしながらリスト作成の作業を進めて間もなく、その有効性が疑問視された。1つには秘密保持契約により詳細内容を広く開示できないリストでは、事業場が現場ニーズにマッチした候補先を選定することが実質困難である点、またもう1つには過去の協業先リストでは、将来の事業に向けた最適な連携先を網羅し得ない点である。結論として連携のきっかけはやはり現場で生み出すことを目指して取り組みながら、そのきっかけを実際の協業に結び付くよう手厚く支援するよう方針を変更する。

まず候補先の探索を目的に、直轄の技術本部に産官学連携の専任部隊（者）を設置した上で、各事業場の技術責任者が参画するプロジェクトを発足させる。発足当初は、専任部隊が主体となって大学等の教育・研究機関の活動内容の調査やヒアリング、また論文や学会発表から連携候補をサーチできる外部サービス等を活用した探索を実施する。候補先は該当事業場のプロジェクトメンバーと共有され、大学側の産学連携の担当組織と連携を取りながら各種調整、支援を行い、着地まで伴走するというしくみを提案することとした。当初は本部の専任部隊が主体的に探索活動を行うが、最終的には事業場が主体となって、候補先を検討することを目指して活動を進化させる中期的な方向性は、ToDoリストに加えておかねばならない。

一点特筆しておくと、そのための共同研究費を、当座は人材開発の名目でアカデミー側が負担する設計とした。共同研究費は本来事業場が負担すべきものではあるが、少なくとも開始初年度は事業場の負担をゼロとし、全社として予算を構えた。本取り組みが単に個人の人材育成に留まらず、組織の進化とも強く関係する重要施策であり、まずは事業場の背中を押すことから始めるべきとの意図である。事業場の技術者が研究室と接点を持つことを契機として、対話会やレクリエーションなどの実施等、コミュニケーションを深めて事業場と研究室の相互理解、信頼関係を築き、採用も視野に入れた人と知のシームレスな繋がりを生み出すことを期待するものである。

(2)「知の探索」実践研修

第二章で述べたように、新たな知を創出するためには知の深化と探索が必要であるが、残念ながら多くの日本企業は知の探索活動が十分だとは言えないと思われる。失われた30年と言われるほどの長きにわたり、社内に引き籠って知の深化に重きを置いてきたことを考えると、現存する従業員のほとんどが、そもそも知の探索には不慣れであり、部下を持つ上位等級の人間ですら部下に手本を示すことが難しいのが実態ではないだろうか。

また知の深化と探索は、すべての職能において実施されなければならない。先に紹介した事例はどちらかと言えば、技術職能を中心に有効な施策ではあるが、他職能の従業員がいかに知の探索を日常的、主体的に行うのか、また組織としてそのような文化・風土を培うのか、以下の事例はその施策として有効だと考えている。

新たな取り組みの1つとして「知の探索」実践研修の導入を検討した。同じ職能のメンバーを20名程度でグループ化し、業務に関連する展示会やセミナーなどに参加してもらい、そこで得られた知見や考察をメンバーで共有・議論するというカリキュラムである。カリキュラムの期間は一旦6か月間とし、参加者はその期間内にそれぞれが2～3のプログラムを選んで参加する。各レポートは月に1度の全体討論会で発表し全体で討議する。また各グループにはファシリテーターを配置し、議論が知的コンバットとなるよう場を導く役割を担ってもらう。

本カリキュラムでは大きく2つの効果が期待できる。1つには外部からの新たな情報を、各メンバーが効率的に獲得できることである。20名のグループであれば、半年の間に1人の人間が40～60の新たな情報に触れることになる。また良質な知的コンバットが行われれば、他メンバーの知を自分の体験として体化することも可能となる。当然グループの数に比例して、より多くの新たな情報が獲得できる。個人として、また組織として持続的に情報が蓄積され、アップデートされることを想像するだけでワクワクしてくる。

もう1つの重要な効果は、参加メンバーが、実際に体験しながら知の探索の手法を学ぶことで、知の探索の価値を理解し、それを愉しみながら主体的に行えるよう変化することである。開始当初は少人数かも知れないが、継続することによって、いわゆ

「鼻が利く」人間が増え、それが組織の風土や文化となっていくことを期待している。

なお本カリキュラムはコスト的な負担が低い割に、費用対効果が高いと考えられる。著者の私見だが、組織のメンバー全員を本カリキュラムに参加させる、あるいは組織全体の業務の一環として推進すべきではと考える。すべての職能が知の探索を業務として行うことは、本来的に組織進化に必須の活動であり、最初は強制的に実施することが効果的に働くのではないだろうか。技術職能だけでなく、製造職能があるいはスタッフ部門が、嬉々として外に知を求めることは組織活性化の一翼を担ってくれるだろう。

なお本カリキュラムは、次項で述べる教養のカリキュラムとしても活用できるものと考えられる。その場合の構成メンバーは職能横断的に、様々な職種の人間と入り混じれるようにすることが望ましい。

③教養

現状教養のカリキュラムはリテラシーと同様、自由参加型のオンライン教材の提供に留まる。幹部候補者を対象とする研修には、教養の要素を取り入れ始めているが、より対象者を広げるために公募型のカリキュラムの強化を検討した。

内容的に座学が中心にはなるが、実践知化を促すための知的コンバットの場の提供を念頭に置きながらカリキュラムの設計に着手した。また体系化された例えば社会科学や人文科学などを学ぶ基礎編と、昨今の時事的、地政学的な各論的な課題を学ぶ応用編とを分類した構成も意識した。なおパナソニックには100年企業であるがゆえの膨大な経営理念関連の教材が蓄積されており、経営哲学の1つとしてカリキュラムに加えることも検討されたが、残念ながら今回は未着手となった。これもTo Doリストに加えておかねばならないだろう。

具体的なカリキュラムとして、1つは対象者が50~100名の公募型、1つは25~30名の35歳±約5歳を対象とした指名型の2種類を検討した。

前者は年齢を絞らないため年齢層が後者と被る可能性もあるが、後者が選抜型であり、そこから漏れた従業員に対しても門戸を開いておくため、公募型の年齢層には制限を設けないこととした。また価格的には講師がリアルタイムで講義する講座とオンデマンド型の講座があるが、当然後者が安価でありまた講座数も多いため、受講生数を多く構えたい公募型はオンデマンド型を中心に、基礎編と応用編をバランス良く組み立て、一方で指名型はより講師の特徴を活かした応用的な各論のリアル講座を中心に組み立てた。なお公募型の人選においては、受講に当たっての抱負など事前レポートによる絞り込み等を想定しておく。

外部業者の方の意見も参考に設計を進める中で、数多くのコンテンツを学ぶこと以上に、1つのコンテンツを深く掘り下げることがより重要だと考えるようになった。講義を聞いて終わり、課題図書を読んで終わりではなく、それを自分なりに理解し考察した上で他のメンバーと知的コンバットを行い、新しく学んだ内容を自身の中で再構築するプロセスを経なければ、思考の軸として体化させることは難しい。またこのプロセスは1回限りではなく、ある期間繰り返し行うことで、総合的な思考の軸を培う体験ができるだろうと考えた。

そのため1か月を基本単位として、講座の聴講、また課題図書を読了した後にレポートを作成することで理解を深め、自分なりに深く考察した上で、他メンバーとの全体討議を実施し、作成したレポートと全体会議での発言についてはその評価をフィードバックすることを1サイクルとする。またそれを半年間（この場合は6サイクル）繰り返すことで、教養を身に付けるための脳の働かせ方を習得できるような設計とした。余談ではあるがこの方向性は、第六章の補足で紹介する過去著者が実施していた塾活動の内容によく似ており、本カリキュラムの先行事例とも言えるので参考にしていただければと考える。

なお全体討議を活発にするには、メンバーの数を20～30名に絞るのが適切であると考えたため、公募型は同じ内容の6か月コースを年間2回設けることで、目論見の受講人数枠をカバーすることに、また全体討議のファシリテーションとレポートや討議内容の評価を実施するため、各カリキュラムに1名の指導役を設置することとした。選抜型については外部業者に依頼し、公募型については内部で人選を進める方向となった。

当初、複数の外部業者の方々にこの話を持ち掛けた際には、過去の経験では役員や役員候補者などのもっと年齢層の高い方々に向けたカリキュラムがほとんどとのことで、あまり前向きな印象ではなかった。ただ議論を重ねてゆくと、多くの方が、実はもっと若い年齢層を対象にするべきではという仮説を持たれていることが分かってきた。当社としても初の試みであり、1つのチャレンジでもあるということも理解いただき、積極的に設計に協力いただくことになった。本カリキュラムの成果の見極めと継続的進化が期待される。

④コミュニケーション能力

コミュニケーション能力については別枠で検討することとなり、実際の検討事例としての紹介はできないが、当初考えていた方向性を示しておくことにする。前述した通り現状のコミュニケーション能力の向上はＯＪＴに委ねられているのが実態である。またアソシエーションへの参加なども、コミュニケーション能力向上の観点で見れば、目的が明確でなく受動的なものも多い。基盤能力として必須となるコミュニケーション能力を、より能動的に開発することに特化したカリキュラムの強化を検討すべきであろう。

プレゼンテーション、ビジネスディベート、コーチング、メディアトレーニング、リスニングなど各種の研修が、外部機関によって数多く提供されているので、それらから選択して提供してゆく予定ではあるが、単にそれらを単講座として提供するのではなく、リテラシーで紹介した手法と同様に、数ある単講座をパッケージ化し「コミュニケーション能力強化コース」として提供することを考えている。前述してきたように、手法や方法論の研修は、総合力として実践に適用、行動としての発露が可能となるものであり、コミュニケーション能力も同様の思想でカリキュラムを設計・提供すべきであろう。加えて定期的に能力を測りフィードバックが受けられるよう、実践演習を実施しファシリテーターによる評価、指導を行えるよう設計することが望ましいと考える。カリキュラムの設計側としては、受講者のフィードバックや実践知化の進捗を参考にして、コースを進化させることは言うまでもない。

このように単講座をパッケージ化することは、研修体系を設計・提供する担当メンバーの意思や、蓄積された過去の知見を反映させてカリキュラムの継続的な進化を行えるものでもあり、従業員のキャリア形成を能動的に支援できるという点において、そこには人事職能としての醍醐味があると言えよう。

1　T型人材、π型人材：専門性をTやπの文字の縦棒に、幅広い領域への理解を横棒に見立てる人材の分類タイプ。例えば一分野に深い知見を持つスペシャリストはI型人材と呼ばれる。

第六章

組織開発の方法論

組織開発の目的

組織開発、チームビルディングに関連するコンサルティングを提供する企業は数多くある。工場責任者、事業責任者の経験を通じて組織開発の重要性を痛感しながらも、様々な支援をいただく中で、座学的な取り組みや方法論を言われるままに実施しても効果が現れ難いことを経験してきた。本章では組織開発の基本的な考え方を説明した後、著者の体験談をケーススタディとして紹介してゆく中で、組織開発の取り組みについての理解を深めていただければと思う。

第二章にて組織進化のメカニズムについて解説したが、組織開発の活動は知の深化や探索、また知的コンバットによる持続的なイノベーションを創出するための具体的方法論として位置づけられる。

イノベーションとは既存の知と知の組み合わせ、あるいは新しい解釈によって新たな価値を生み出すことである。それは1人の天才によるのではなく、人と人との対話によって生まれるものであり、そのためには良質な「場」が重要であると述べた。またイノベーションの起こる確率は極めて低いため、数多く「良質な場」を持つことの重要性についても述べた。これは失敗を含めて様々な新規事業に携わってきた著者の経験に基づく実感であり、また組織開発活動はそれを加速させる効果を持つものだと考えている。イノベーションの源泉となる「場」を提供すること、従業員がその「場」の意義と価値を理解し主体的に「場」を作ること、またこのような文化・風土を醸成すること。組織開発活動を行う目的は極めてシンプルである。

一方でこのような効果が直接的に見え難い活動は、必ずしもすべての従業員の賛同が得られるものではなく、腹落ちしない人間を内包しながら進めなければならないのが現実である。組織開発や風土改革に対してネガティブな考えや価値観を持つ人間は必ず存在する。特に現状維持バイアスの強い人間のマインドセットや行動様式を変えることは容易ではなく、それには時間がかかる。この現実に向き合った上で、その意義を理解し前向きに取り組むメンバーを1日に1人でも増やしてゆくのだという長期戦の覚悟が組織開発には必要である。

良質な「場」とは？

第二章で説明した知的コンバットする「場」は良質でなければならない。その質を決めるのに支配的な要素である、①構成メンバー個々の人質《じんしつ》、②構成メンバーの多様性、③知的コンバットを可能とする関係性、についてそれぞれ見てゆくことにしよう。

①構成メンバー個々の人質《じんしつ》

知的コンバットは人と人との相互作用である。相手の考えを受容でき、また同時に相手に知的刺激を与えられる能力が求められるが、これは前章で述べた人材に求められる5つの能力が高いこととほぼ同義である。

これにより高いリテラシーや専門能力をベースとしながら、多様な思考の軸で相手の考えや価値観を受容し、それを刺激として自身の考えを膨らませ相手に刺激を返す。この相互作用を高いコミュニケーション能力で行うことが可能となろう。なお4つの能力を実践によって体化した実践知が多様かつ多量であることは、換言すれば高いイントラパーソナル・ダイバーシティを持つということでもある。

②構成メンバーの多様性

第四章で、個人は過去の記憶によって構成された個々に異なる世界観や価値観を持ち、受容や共感を生むにはその世界観や価値観に寄り添うことが重要であると述べた。一方で新しい刺激が様々な想起や覚起を起こし、イノベーションに繋がるアイデアが生まれると述べた。その刺激が強いほど、無意識に行われた記憶や奥底に沈んだ記憶を覚起しやすく、刺激の強さは自分の世界観や価値観からの距離の遠さに比例する。つまり相手の世界観や価値観が自分から遠いほど新しい発想が生まれやすくなる。

例えば同じ部署内よりも他部署の人間、同じ事業場よりも他の事業場、同じ企業よりも他の企業や他のグループの人間から受ける刺激は、より新しく強い刺激になりやすいということである。遠ければ良いという単純なものではないにせよ、構成メンバー間の価値観や知見、経験の距離はある程度離れていることが望ましい。

③知的コンバットを可能とする関係性

知的コンバットは対話によって進められるため、誰もが自由闊達に発言できるよう阻害要因は取り除くべきである。思いついたことは躊躇せず発言する、他の人間の発言を否定しない、上司部下の関係はその場では考えないなどその場でのルールを設定することや、オープンでリラックスした雰囲気や新鮮な気分で臨むために場所や座席配置を変える、飲食物を提供するなど様々な工夫が一定の効果を与えてくれるだろう。

しかしながら知的コンバットとはその名の通り、様々な知を戦わせることである。相手の意見に反対することや、相手が全く譲らない場合もあるだろう。むしろ議論において徹底的に意見を戦わせるべきであり、それこそがイノベーションを生むと言える。ホワイトボードに付箋を貼って、それを囲んで議論するのは単なる手法の話であり、そこで異なる意見が衝突し知的コンバットが繰り広げられなければ、高次の共通解や新たな知は決して生まれない。

この徹底的な議論を可能とする基盤となるのは相互理解と信頼関係である。互いに相手の世界観や価値観を理解・受容し、その意見は真摯に考え抜かれた価値あるものであり、議論することで新たな価値が創出できるのだという信頼感。この関係性が高まるほど知的コンバットの質は上がると言えよう。場の設定に対する様々な工夫はこの関係性を築くためのものでもある。

以上、3つの側面から良質な場とは何かを見てきたが、①の構成メンバー個々の人間の質については、前章で述べた人材開発カリキュラムの提供が質を高めるための具体的施策の1つとなるだろう。②の構成メンバー間の多様性は、そのようなグループを意識的に作るよう働き掛けることが望ましい。目指すべきはメンバーが主体的に望んでそのような場を作ることであるが、当初は組織開発の活動を通じて良質な場の意義や価値を体感させることである。最も難しいのが③の知的コンバットを可能とする、相互理解と信頼関係の構築であろう。組織を構成する人的ネットワークの中で、どの関係性に着目すべきか優先順位を付けながら、時間を掛けて進めることを覚悟せねばならない。

組織開発の2つのアプローチ

ＤＥＩ推進活動やカルチャー&マインド改革活動は、組織風土やメンバーのマインドセットを変える重要な活動であり、それ自体が目的化しないことに留意して進めれば必ず効果があり、積極的に推進すべき取り組みであることは言うまでもない。本節ではそれらの活動も包含した上で、良質な「場」を提供するという観点で組織開発を考察する。

組織開発の方法論は大きく2つに分かれ、1つは組織の職制を活用する形で「場」を提供するアプローチ、他方は組織体制とは独立した形で「場」を提供するアプローチである。繰り返しになるが、いずれの場合にも相互理解と信頼関係の構築に留意して進めることが重要である。

①職制を通じた組織開発

組織の質は人と人との関係性によって決まる。人的ネットワークを構成する一人対一人の関係性において相互理解と信頼関係が成立しているほど、ネットワークを構成する人と人を結ぶ「紐（タイズ）」は良好だと言える。

上司と部下、同僚、他部門の関係者など、組織には様々な紐が存在するが、最初に着目すべきであるのは上司と部下との関係性であると考えられる。第二章、第三章で述べたように、上司すなわちリーダーは、組織進化において成果に対してプラスのサイクルが回るようフィードバックを掛けたり、個人をモティベートしたりすることにより知の深化や探索、また知的コンバットを促す役割を持つ。様々な関係性の中で、この上司と部下の関係性強化に取り組むことは、組織開発の一丁目一番地であると考えられる。

ところで現実に多く見られる上司と部下の関係性はどうだろうか。分かりやすい例で言えば、日本企業に多い終身雇用制、年功序列型を基盤とした企業においては上司が年上であるケースが未だ少なくない。そのデファクト的な構造がアンコンシャスバイアスを生み、様々な価値観の違いを世代間ギャップのせいにしがちとなる。そのため相互理解の努力が疎《おろそ》かになり信頼関係も生まれ難い。

業務上の必要最低限の会話に限定されてしまうことは、第二章で紹介したエンベッドネス理論で言うビジネスライクなアームレングス型の関係性に陥りやすくなる。エンベッドネス理論で述べたように、適度にウェットな信頼関係が経済活動にプラスに働くのは上司と部下の関係においても同様である。相互理解や信頼関係は決して業務においてのみ築かれるものではない。

かつては食事会などの飲みニケーション、タバコ部屋、また運動会やクリスマスパーティー、納涼祭などの催し物など、業務外でも相手の人となりを理解する機会が多く提供されてきた。これらを復活させるべきだとは思わないが、そのような機会が減少傾向にあることは事実である。

相互理解の機会が減少することで、いつしか相互理解の重要性を忘れ、結果的に信頼関係の構築にも影響を与えてしまう。上司は部下を信頼して業務を任せ、部下は上司をリスペクトし信頼して与えられた業務に取り組むという、あるべき関係性の構築が難しくなっているのが現状であろう。もちろん同じ部署内のメンバー間の関係性、連携部署のメンバーとの関係性など、組織の人的ネットワークを構成するあらゆる人と人との関係性を良好にすることを目指すべきであるが、まずは上司と部下の関係性を職制を通じて強化することが最優先事項だと考える。

②職制によらない組織開発

職制を通じた組織開発の活動は、上司と部下の相互理解と信頼関係の構築から着手するのが適切としたが、並行して職制によらない組織開発に取り組むことが望ましい。組織開発は組織全体で取り組むべきであり、様々な観点から複数の場を提供し、組織に所属するすべての従業員が何らかの形で活動に参画すべきであろう。当然すべての繋がりをカバーすることは不可能だが、少なくとも一人ひとりが何らかの形で、組織開発を目的とする「場」を提供されていると意識させることが重要である。その場で関係構築できる人数には限りがあるが、全員が場の意義や価値を体感し、少ない数ながらも人間関係を構築できれば、それは大きなうねりとなっていずれ組織全体を変えてゆく。

図6－1は後ほど事例として紹介する活動での「場」の提供事例を示したものである。ここでは個人、組織、有志・小集団、リーダーの4つの切り口で取り組んでいる。

図6-1　4つの観点での取り組み

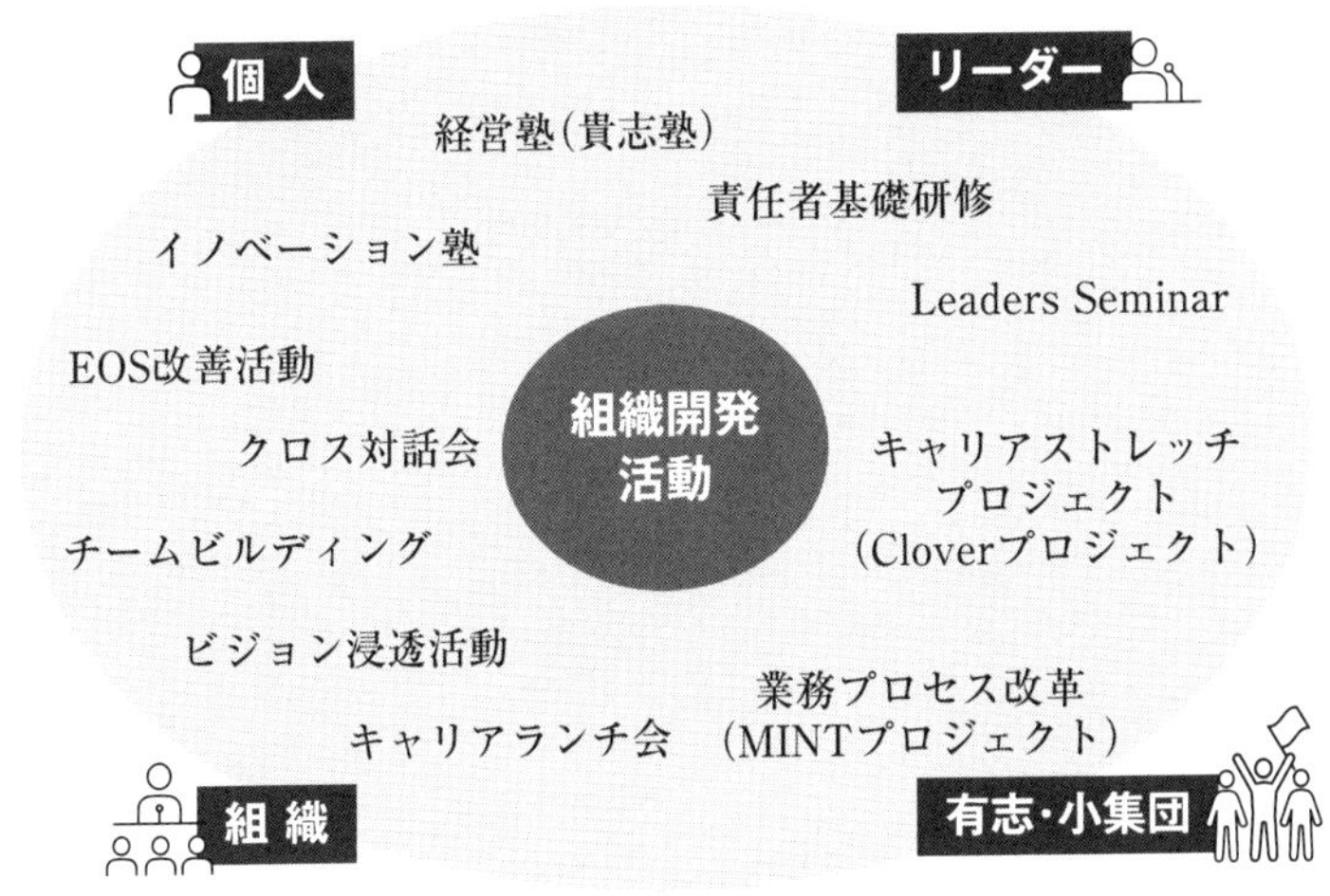

1つ目の個人については、人材開発に包含される要素が大きい。ただ個人に対して、知の深化や探索、知的コンバットやそれを支える「場」の重要性について時間を掛けて教育することは検討の価値があると考えている。実際に著者もリーダーや優秀層を選抜して講義を実施していたが、そこでは上記の内容を伝えることに加え、課題図書を読ませることで思考の軸を増やすことや、知的コンバットによるイノベーションの創出を実体験させることも合わせて取り組んだ（補足参照）。

その結果、元々は人材育成の一環として実施したのだが、組織に戻った受講者が人材開発や組織開発の重要性を、自分の知としてエバンジェリスト的に語ってくれることは、当初予測していなかった副次的効果だった。

どのような形を取るかは別として、人や組織が進化することの重要性を短時間の表層的な全体発信だけでなく、個人に対して深い理解を促す取り組みは、組織開発において効果的だと思われる。

次に組織の切り口での取り組みだが、ここで言う組織の活動とは事業体全体で行うものではなく、事業体傘下の各リーダーによる自組織の開発活動を言う。組織のリーダーが主体的に独自の取り組みを推進するに至るまでには、リーダー自身のマインドセットを変える必要がある。例えば先に述べた個人切り口での取り組みもその1つの施策であろう。

本切り口での活動は良い意味で組織間の競争を生む。部下間の会話や組織外部から見た意見によって、組織開発の進捗が速い部署においては、部下のリーダーに対する信頼感や自組織に所属するモティベーションが上がり、逆に進捗が遅い部署においては、リーダーは外部からの評価や部下の満足度の低さを肌で感じ、それらが取り組み加速のレバレッジとなることで、結果的に自然と高位平準化が進む。なお余談だが、このような環境下で新しいリーダーが任命された場合、組織開発の活動の立ち上がりは概して速い傾向がある。

有志・小集団活動については、職制を通じて実施する上司と部下の関係構築と同様に、事業場として強力に支援することが望ましい。これには人事、企画などの各部署が主催するものもあれば、有志による自発的小集団の活動もあるだろうが、特に後者については全面的に支援することを掲げ、事業場の組織開発活動として取り込んでしまうことが重要である。事業場長がコミットすることにより、プロジェクトメンバーのモティベーションが向上しより高いアウトプットが期待できる。また生み出されたアウトプットに対し真摯に耳を傾け、良い施策は事業場全体の取り組みとしてしっかりと実践するフォローアップやフィードバックも重要である。これは第三章のモティベーションの節で紹介したＭＰＳにおけるレバレッジ因子である自律性とフィードバックに相当するものである。

４つ目として、組織の要であるリーダーに対する取り組みも事業場全体でドライブすべきものである。リーダーを対象とする研修の提供や、リーダーシップ力の評価など実施されている企業も多いだろう。一点留意すべきであるのは、リーダーシップはリーダーの役割であるが、組織力はリーダーとメンバー間の関係性を示すものであり、リーダー自身の課題を可視化すると同時に、メンバー個人の特性や課題、その部署の文化や風土に踏み込むことを視野に入れて進めることが肝要である。

以上、組織開発活動の進め方について説明してきた。これらの活動において重要なのは、組織開発は事業場が一体となって進めるものであり、それぞれの取り組みにはそれぞれの趣旨や目的があると同時に、組織能力を向上させる活動の一環であると意識させることである。それは全体発信や各プロジェクトのスタート時のみならず、何度も繰り返しリマインドし周知することが望ましい。

次節にて著者の組織で取り組んだ事例を紹介してゆくが、読み進めるに当たり、トップのコミットメントについて触れておきたい。組織開発が事業経営活動や数値にプラスの影響を与えるのには時間を要する。直接的な経営効果がなかなか見え難い活動であるが故に、効果が現れることを実際に体感するまでは、本当の意味でその重要性は理解し難いものだと思う。効果があるかどうか不透明で腹落ちもできず、信じて進めるしかない状態で、従業員全員で辛抱強く活動を継続することを可能とするのは、偏《ひとえ》にトップまたはリーダーの強い意志より他にない。以下の事例を読み進める際、著者の苦悩や試行錯誤も合わせて感じていただければと思う。

組織開発の活動事例

以下、実際に取り組んだ組織開発活動を参考事例として紹介する。前節で述べたように、組織開発は個別の取り組みで効果を出すものではなく、様々な活動が総合され大きなうねりを起こすものである。より臨場感を感じていただけるよう、箇条書きに整理して述べるのではなく、時間経過に合わせて事実を記述する形式を取ることにする。

ある日、社命により新設される事業部を担当することになった。新しい事業部は、これまで独立して経営を進めてきた5つの異なる事業体を統合したものである。いずれも長きにわたり業務用の映像、音響に関連した機器の開発、製造、販売を行う事業体だったが、統合によりワンフェイスで業界や顧客に向き合うことを目的としての設立であった。

事業部を担当した当初は、当然のことながら各事業体の戦略から業務プロセスに至るまで相違があり、そもそも事業体トップの考え方も異なっていた。また新事業部としての明快な戦略がなく、設立時に検討されていた事業目論見《もくろみ》には「ソリューション事業へのシフト」が掲げられていた。ほぼ100%に近い従業員がハードウェア事業に従事する中で、机上の空論によって作られた数値目標が一人歩きしているような状態だった。リーダークラスと話をしても、5事業体のシナジーでソリューション事業を生み出す、のような地に足が付いていない発言が多く見受けられた。大変な事業部を任されたなと感じたことを鮮明に記憶している。

1つの事業体として経営を進めるために、組織開発によって一体感を醸成する必要性は認識していたが、まずは新事業部として明確な方針を打ち出すことが急務であった。各事業を詳細に見てゆくと、多くの事業はハードウェア事業として大きく成長させることが難しく、良くて現状維持か、カテゴリーによっては急速に衰退してゆくリスクを抱えるものだった。確かにソリューション事業へのシフトを掲げたくなるのが頷《うなず》けた。その後リーダー層を中心に広く遍く知見を集めながら事業の選択と集中、新規事業について検討を進め、3か月後に新事業部の方向性を発信した。

スローガンとして「モノ＋コト」を掲げ、各ハード事業の選択と集中を具体的に進めるとともに、新しい事業のための知の探索活動を開始した。

当初、組織開発は自主的に手を挙げた営業部門、技術部門、新規事業担当部門の3部門にて推進してもらった。また事業部全体では、経営理念研修やワイガヤ活動を実施したが、今から考えると当時トップであった著者のコミットメントが不十分だったため、リーダー層を含めた多くの従業員の、人材開発、組織開発に対する意識はほとんど変えることができなかったと感じる。その結果、新事業部として初めての顧客満足度調査（ＥＯＳ）ではカンパニーで最下位、全社でも下位に位置するという惨憺《さんたん》たるスコアだった。詳細にスコアを分析すると、事業部の戦略や方向性については、腹落ち感のある発信ができていたためか良好だったが、個人の成長の機会や組織の協力体制などは大きな課題であり、個人また組織に対しての取り組みは待ったなしの状況であった。

本腰を入れて組織開発に取り組もうと経営層で共通認識を持ったものの、そもそも経営層自体が未だ一枚岩になれておらず、最優先事項として経営層のチームビルディングを急ごうと思った。事業特性の異なる複数のバラバラな事業体が、１つの事業部として共通目標を持ってそれを目指すマインドセットを醸成するためには、まず経営層の関係性を構築せねばならないと。また並行して事業部の人的ネットワークを改善するためには、上司と部下の関係性を向上することから始めようと考えた。当時明確なロジックを持っていた訳ではないが、経営層のチームビルディングと上司・部下の関係性強化の2点を軸に組織開発に着手した。

まず経営層、すなわち著者とその一階層下のメンバーとのチームビルディングを開始する。それは職制において最も上位の上司と部下との関係構築でもある。相互理解と信頼関係の構築を目標として、コンサルタントや本社担当部門の支援を受けながら進めてゆくことになった。

第1回のオフサイトミーティングは、具体的な業務案件をアジェンダとしない形で、企業の保養施設に一泊二日で集まって実施することになった。自分の人となりをこれまでの人生を振り返りながらメンバーに紹介する「自分語り」や、事業に対するそれぞれの思いを述べてゆくなど、チームビルディングの王道的なアジェンダから入ってゆく。相互理解と信頼関係の構築には重要な一歩である。夜には全員での懇親会を行ったが、実際には普段の食事会とあまり変わらないものだった。

2日目は、これまで議論してきた中期ビジョンや戦略の共有と、それについての意見交換を行った。果たしてこの調子で続けて本当にチームビルディングできるのだろうか。議論はそれなりに進んだものの、意見は散発的だし、それぞれの持つ課題意識も長中期視点のものから足元の案件までとバラバラだ。それでも何とか意見を集約して、次回以降のオフサイトミーティングで議論するテーマを整理し、第1回オフサイトミーティングは終了した。

時間がかかることは間違いなさそうだが、まあ今は信じて進めてみるしかないかというのが正直な感想だった。ただオフサイトミーティングで中期ビジョンを議論していた際に、「従業員が皆笑顔で世界を飛び回り、世界のエンタメ事業に貢献する事業部」が枝葉を落とした経営層の総意なのかなと、ぼんやりと感じたことだけは印象に残っている。いずれにせよ1回目のオフサイトミーティングは決して成功と言えるようなものではなかった。

その後、平均2か月に一度のペースでオフサイトミーティングを続けてゆく。勝手が分からないため発言も決して活発とは言えず、議論がブレたり、発散したり、マクロ過ぎたり、マイクロ過ぎたり、右往左往する我々の議論をファシリテーターに軌道修正していただきながら、少しずつよちよちと前に進んでいった。

そのように不安を感じながらも継続した結果、1年ほど経過した頃にはコンサルタントや支援部門の皆さんから、「第1回の時とは全く変わりましたね」「雲泥の差ですよ」とのコメントをいただくようになった。議論の内容もさることながら、メンバー間の関係性が非常に近いとのことだった。あまり意識していなかったが、確かに厳しい意見や、他のメンバーと相反する話も皆が淡々と議論できている。あまり実感は湧かないが、相互理解と信頼関係が構築できつつあるということだろうか。変な話、1年前が全然駄目だったと言われても逆に思い出せない。

ただ1年前と明確に違うのは、複数メンバーがファシリテーターを務めるようになったことである。それは指名されたわけでもなく、自然発生的に誰かがファシリテートしている。議論のブレ、発散、視点の違いなどの軌道調整はもとより、攻撃的とも思える厳しい意見も、配慮を加えながら自然な議論に誘導してゆく。著者がファシリテートすることも多かったが、他のメンバーが無意識にファシリテーターを務めることも数多くあった。他の人間の意見を吸い上げながら、自分の意見も合わせ、全体として何らか整合性の取れたより高次な姿で纏め上げてゆく手法が、皆の中で培われていったようにも思う。

考えてみると、ファシリテートはリーダーの3要素である、ビジョンの発信・浸透、知的刺激、個の重視の実践だと言えるかも知れない。良いリーダーは良いファシリテーターでもあるのだと言える。

経営層メンバーのチームビルディングが進んだ頃と時を同じくして、事業部としての1つの方向性が見えてきた。「モノ×コト」[2]というスローガンである。ハードの開発・製造・販売を主たる生業《なりわい》としている事業体において、それを捨て去ってコトに進むのではなく、ハードそのものを飛躍的に進化させること、またそれと並行してコト事業を開発すること。どちらかの優先順位を高く位置付けるのではなく、モノという事業体の持つDNAは進化させ、同時にコト事業も開発する。モノとコトを掛け算で示すことで、そのどちらかがゼロでも新しい価値はゼロであるという考え方とした。

このスローガンをベースとして、選択と集中分野をさらに明確にしながら各事業の戦略を事業部全体の一つのシナリオとしてまとめ上げて行った。その中には一つの工場を閉鎖するという苦渋の決断も含まれていた。

興味深いのは、当初ハード事業間でシナジーを生むことは難しいと考えていたが、ソリューション事業のビジネスモデルにおいて、中期的に確実にシナジーが生まれる構図が見えてきたことである。当然この検討はオフサイトミーティングのみで進められたのではなく、関連する多くのメンバーを含んだ数多くの検討会からのアウトプットも総合されており、少なからず事業部の方向性を事業部全体として意識するメンバーが増えてきた感触が感じられた。

今にして思えば、チームビルディングと事業の方向性検討とを並行して進めたことは非常に良かった。あるいは逆にそれが腹落ち感のある事業戦略を生むことができた要因なのかも知れない。業務というオン状態でもなく、プライベートというオフ状態でもなく、その中間的な「場」の持つバランスが重要なのだと強く感じる。現実を直視した喫緊の課題を、相互理解と信頼関係構築を目的とする、（誤解を招きたくないが）適度にリラックスした状態で議論することが、良質な知的コンバットの場になったのではと考えている。

事業全体の方向性が見えてきた後、次の段階として予定していた上司と部下の関係性を強化するための取り組みに着手する。本来であれば我々経営層が行ったチームビルディングを行うのがベストだったとは思うが、時間や工数のフィジビリティを考慮し、上司から1階層下の部下全員へのビジョン共有という形を取りながら、上司と部下が事業部の方向性について議論する場を下方展開していった。

まずは経営層一人ひとりが、直属の部下に対して、事業の方向性を自分の言葉で物語り、部下が理解、腹落ちするまで議論することから始めた。議論の後にアンケートを取ることでメンバーの腹落ち感を確認し、理解度に応じて再実施したり、他の経営層のメンバーが同席したりすることで、時間を掛けて部下に向けて語ってもらった。上司・部下の関係構築を事業部の中期的な方向性を題材にして行うといった、経営層がチームビルディングで行った手法の簡易版だとも言えよう。当然上から下へ物語るだけではなく部下が腹落ちするまで、また部下の疑問点、提案を受ける相互コミュニケーションを意識して進めてもらい、必要に応じて経営層で再度議論し方向性に修正を加えてゆくことも多々あった。

振り返ると、組織開発の進捗についての定量的な把握は十分ではなかったように思う。腹落ち感を把握するためのアンケート結果の詳細な吟味や、集計結果に応じて取るべき対策の議論など、もっとしくみ化して行えば良かったとの反省がある。ただ部下を持つすべての上司が、リーダーとして果たすべき役割を実践したことで、著者が現場の担当者と話す機会や、検討会の議事録を確認する際に、検討してきたビジョンや戦略が彼らの中で実感できていると、定性的ではあるが感じることができた。

以上が職制を通じた組織開発の取り組み紹介である。大きな学びは、組織と事業ビジョンは両輪で進化するものであり、どちらかに偏ってしまうのは得策ではないということである。

なおその他の取り組みとして、経営層はオフサイトミーティングだけではなく、週に一度ライトミーティングを行っていた。新しい活動、事業のトピック、気になっていることなど、テーマは決めずに情報や、場合によっては悩みを共有することを目的としたもので、トピックがない場合は15分程度で終了することもあった。チームビルディングを目的としていたので、頻度高く顔を合わせ会話すること（一部はリモートで）を重要視しての集まりだった。

並行して職制によらない取り組みも進めていった。それぞれの観点での具体事例をいくつか紹介しておこう。なおこれらの事例は一度に並行して実施したのではなく、散発的にその時々において進められたものであることを断っておく。

1つ目に有志・小集団活動の観点での事例であるが、小集団活動としてDEI推進プロジェクトと業務プロセス改革のプロジェクトを立ち上げた。前者は女性社員の要望で生まれたもので、女性が働きやすい職場をテーマに、様々な年代、役職の女性を中心に議論し提言に纏める小集団活動であり、後者は若手有志により、会議の在り方など過去からの慣例を打ち破りムダなものをできる限り排除、効率化の検討・提案を行う小集団活動である。ファシリテーターはそれぞれ人事と企画が担当した。余談だが前者はクローバー、後者はミントと名付け、いずれも草の根活動を意識したネーミングとした。

これらは事業部全体の組織開発の一環として位置付けられ、著者の全面的なコミットメントの下で進められた。提言された内容は吟味した上で、直ちに実施するもの、翌年度に実施するものなどを決めながら、実際の改善活動として現実化させた。事業部全体としての取り組みであることを周知させるとともに、プロジェクトメンバー個々人のやりがいにも繋がって欲しいとの思いがあった。

クローバープロジェクトで興味深かったのは、もともとは女性社員のための検討プロジェクトだったにも拘わらず、最終的な提言内容が女性社員の観点だけでなく、男性社員、年齢、役職など様々な切り口からなされたことは、ダイバーシティを真剣に議論した結果、デモグラフィー型から離れ、従業員一人ひとりの多様性を意識するようになった結果だと思われる。

2つ目は組織の観点での取り組み事例だが、製造部署で「日本のモノづくり」について検討するプロジェクトを立ち上げた。製造職能メンバー全員が30チームほどに分かれ、日本で製造することについて改めて議論するというものである。日本の雇用を守りたいとか、日本に製造を残したいとかではなく、まず日本でモノづくりをする意味や価値を検討するところからスタートさせた。

開始に当たっては、工場長と著者との間で価値観を揃えておいた。事業部はグローバルに商品を販売しており海外比率が8割を超える。日本を含めた海外の複数拠点でも製造しているが、中期的に見てそれが最適であるのかを考えよう。日本で製造する意味や価値がないのであれば、日本での製造を畳むことも素直に視野にいれようと。皆が日頃どこか不安に感じている課題を表面化させ、白紙状態で知的コンバットを進めてもらった。

おそらく当初、現場は戸惑ったのではと思う。しかしながら進捗を眺めていると、グローバルでの賃金差の話、自動化・無人化の話、コンカレント開発の話など様々な角度からの検討が行われており、課題に正面から向き合っていることが感じられた。得られた結論は本書の範囲外なので割愛するが、最終の報告会は著者出席のもと2日間にわたって実施した。ここでも対話によるチームビルディングと事業方向性議論を並行して行うことを実践した活動だったと言えよう。

これら以外にも様々な小集団活動や組織活動を実施した。経営層メンバーが著者と同じ意識で自組織の開発に取り組んでくれたおかげであり、例えば目安箱を設置して新規事業の提案を募集し有望なものをプロジェクト化して検討させたり、担当事業をコンサルタントの協力を得ながら中期の方向性を検討させたり、女性社員による、またキャリア入社メンバー達によるランチ会を実施したりと、自己増殖的に活動が活発に行われ、それに対する投資もなされた。このように経営層のチームビルディングから始まり、様々な個別の取り組みが行われ始め、事業部全体としての大きなうねりとなっていったように思われる。

3つ目にリーダー観点での事例として、リーダーシップ評価の取り組みを紹介しておく。何度目かのオフサイトミーティングで課題として挙げられたことがきっかけなのだが、事業部には「言ってもムダ」「言ったもん負け」の風土があるとのこと。しかしながら実際にどのような事例があるかと問うと、具体的な事例はほとんど上がってこない。そのためこれは単なる思い込みなのか、発言しないことに対する言い訳の可能性もあるとは感じたが、本当にそのような風土なのであれ、「言ってもムダ」「言ったもん負け」を言い訳にする風土なのであれ、何らかの対策を打つ必要があると考えた。

議論を進める中で、上司、リーダーが適切に動けば、そのような問題は起こらないのではという仮説が導かれた。まず「言ってもムダ」は、何らかの提言をしてもちゃんと聞い

表6-1　従業員満足度調査

年度	2018年度	2019年度	2020年度	2021年度
好意回答（ポイント）	55.7	60.4	63.9	68.2
全社順位（括弧内は国内順位）	22/36 (21)	10/35 (4)	7/32 (2)	7/33 (2)
自社内順位	6/6	1/5	1/5	1/5

てもらえずに採用されないというケースである。良い提言を採用しないのは論外であるが、提言の中には採用するレベルに達していないものや、採用できない理由があるものもあるだろう。採用しないのであれば、なぜ採用できないのか、どこが検討不足であるのか、提言した部下が納得できるまで丁寧に会話する必要がある。いずれにせよ上司が部下の提言を真摯に聴き、対話することができていれば、「言ってもムダ」ということは起こらないだろう。

また「言ったもん負け」は、提言した本人が自分で進めるように言われてしまうケースである。これは上司が話を聞いた際に、誰がやるべきものなのかをしっかりと見極めその人間に指示すれば、あるいは他部署が取り組まねばならない場合には、相互の上司間できっちりと話し合い、適切な人間に取り組ませる対応ができていれば起こらないと考えられる。思い込みによる空想の風土である可能性もあるが、実際にあるとするならばそれはどちらもリーダーの課題に帰着する。

実施することに多少の躊躇はあったのだが、最終的にリーダーシップ評価を導入することにした。2か月に一度、部下全員から上司のリーダーシップについてのアンケートを実施し、それが一定スコアに達するまで実施するというものだ。スコアの低いリーダーは人事部門のサポートを受けながらアクションプランを立案し実践する。正直各リーダーにとってはストレスの溜《た》まる取り組みだったと思う。

効果のあった取り組みは全リーダーで共有し、自主的に採用し横展開してもらった。またリーダー個人の問題ではなく、チームのメンバーあるいはチームの風土の問題である場合もあり、人事部門が積極的に関与することで本質の要因を明らかにするようにした。この可視化のプロセスを導入することで、思い込みの要素も多分にある「言ってもムダ」「言ったもん負け」の風土の改善、少なくともその発言を撲滅することを期待しての導入だったが、半年後のほぼリーダー全員のスコアが優秀レベルまで到達することができた。

以上、組織開発の取り組み事例を紹介したが、決して一朝一夕に効果が出るものではないこと、また全方位で組織全体として取り組む必要があることなどを感じていただけたのではないだろうか。そして最も重要であるのが、トップの強い意思とコミットメントであることを理解いただけたのではないかと思う。最後に参考として、年に一度実施した従業員満足度調査の結果推移を表６－１に示しておく。

当初非常に低いスコアであったものが、組織開発活動の進捗とともに毎年少しずつ改善されていった。この指標が組織能力そのものを示す訳ではないが、その結果を仔細に分析し、翌年に向けた新たな取り組みを策定・実践することで、強い組織だとされる65ポイントを上回るようになった。まずは事業部全体での大括り的な取り組みから始め、徐々に細分化された集団に特化した施策を、辛抱強く継続することが重要であると考える。

補足

参考として著者が事業部のメンバーに実施した研修を紹介しておく。

大企業で組織の一部として働き続ける間に、アントレプレナーシップを失ってゆく傾向があることは否めない。長年勤務している人材にはあらためての強化と若手人材にはできる限り早期からの醸成が、現在のパナソニックに必要ではないかとの課題認識を持って本取り組みを開始した。

当時の事業部の部課長クラスや若手優秀層など、年齢や役職に関わらず次世代の経営を担い得る人材を対象として、経営のファンダメンタルズを学んでもらうことを主眼とした。著者が担当している期間内では、合計で事業部に所属する約5％のメンバーに受講いただくことができた。カリキュラムはオンライン学習、課題図書レポートと、グループおよび全体討議で構成され、月1回の全体討議をマイルストーンに計6回を1クールとする約半年間の研修として提供した。

研修の主目的は以下の4点である。

①現在の経営リテラシーのレベルを自身で認識し、弱みを中心に学習する。
②戦略に関する理論を体系的に学ぶとともに、実践への適用方法を学習する。
③課題図書や松下幸之助氏の経営哲学に触れることで、思考の軸の重要性を学習する。
④グループ討議、集合討議によりイノベーティブな議論の手法を学習する。

右記において①については、研修の始めにグロービスの経営スキル理解度テストを受験

表6-2 フィードバック内容のスコア部分の事例

	摘要	スコア	順位
GMAP	偏差値	59.2	5位／30人
オンライン学習	終了数	472講座	6位／30人
戦略理論	平均点	81.3点	2位／30人
課題図書	平均点	92.5点	1位／30人

していただき、現時点でそれぞれがどの程度の経営リテラシーを保有しているのかを現状認識した上で、オンライン講座にて不十分なリテラシーを学習してもらった。②は入山章栄氏の著書『世界標準の経営理論』を読んでもらい、経営理論に体系的に触れることで経営理論に対するアレルギーを取り除くとともに、著者の実践経験と照らし合わせながら、理論をどのように実践に適用するのか、本書にて述べてきたのと同様の内容を講義した。

③については事務局側で選んだ課題図書を月1冊のペースで読了し、レポートを作成してもらうことで、多様な考え方を学ぶとともに、それらを学ぶことの重要性の理解を促した。④は②と③の内容を小グルー

プで議論し、その検討内容と提案を全体討議の場で共有、議論することで、小さいながらもイノベーション創出を体験してもらった。限られた時間の中で、経営関連のリテラシー、教養、コミュニケーション能力の3つを養うというチャレンジングなカリキュラムだったが、それなりの成果は得られたように感じている。

なお当初予測していなかった効果が2点あり、1つは本文で述べたように、本研修を受講したメンバーが、職場メンバーを啓発するなどエバンジェリスト的に組織のムードメーカーを務め、組織開発の一翼を担ってくれたことである。もう1つは、人事部門として現在のキーマンや将来のキーマン候補である人材の人となりを感覚的に、また数値的に深く理解できたことである。

研修の手触り感を持っていただくために、以下いくつかの事例を紹介しておく。

事例①と②は課題図書のレポート例である。それぞれ事例①は山口一郎氏の著書『現象学ことはじめ』[1]について、事例②は池上英洋氏監修の『「西洋絵画」の見かた』[2]についてのレポートである。作成の基本ルールとして図表の使用や箇条書きを禁止している。昨今パワーポイントを使用する頻度が高くなることで、自分の中に明確な考えやロジックを持たずともそれなりの資料が作成できてしまい、その結果「とことんまで思考する」傾向が薄れてきているように感じられる。文章として自分の考えを書き下すことで、書籍に向き合う姿勢、深く思考することの重要性を再認識してもらうためである。

事例③は受講者の各レポートを人事部門と著者で評価しまとめたものである。毎回受講者に結果をフィードバックすることに加え、研修終了後に総合順位をフィードバックすることで相対評価として各人の立ち位置を認識してもらうようにした。前ページ表6－2はフィードバック内容のスコア部分を抽出した事例である。

これらのフィードバック内容は人事部門として人材を見極める上での材料として、中期の人材育成や登用計画の検討に活用されている。GMAPスコアは現状のリテラシーレベルを、オンライン学習スコアは本人のキャリア形成意欲を、戦略理論と課題図書のスコアは思考の軸や人間力の多様性を、それぞれ測る定量的な指標として、人事部門メンバーの定性的な見極めと高い相関を持つことが分かった。

1　山口一郎、『現象学ことはじめ〔改訂版〕』（日本評論社、2012）
2　池上英洋　監修、『マンガでわかる「西洋絵画」の見かた』（誠文堂新光社、2016）

「現象学ことはじめ」に関する考察

心の働きにありのままに直面する現象学の方法を通して、自分と他人の常識のズレに気づくこと、およびイノベーションの源としてのダイバーシティについて考察する。

まず日常生活で無意識に見聞き、感じることもその感覚と衝動の成り立ちまで遡ることで、その本質的意味とそのように作用する理由を深く思考できることに気づかされた。自他の共通の知覚を元にした時間概念や言語の成り立ちは、まさに暗黙知の形式知化、SECIモデルで言う共同化・表出化のプロセスを如実に示す。概念や仮説として形にしていくには、能動的な事実判断の積み重ねによる抽象化や分析というサイエンス手法だけでなく、受動的綜合や本質直観を通じて自由な可能性の領域に踏み込むことが、主観的に見聞きする知覚や経験に囚われないイノベーション創出に繋がるのではないかと感じた。言語の成り立ちに関して、イーロン・マスク氏が略語嫌いで全従業員に注意啓蒙していることを想起した。これは単なる業務効率のためだけでなく、ディスコミュニケーションが知的な対話を阻害する為だと伺える。彼はストーリーテリングを強みとするリーダーシップの代表格でもあるが、その根底には社員間のコミュニケーションを非常に重視していることが知られ、個人間の暗黙知を対話・共感させ概念としてまとめあげることに秀でていると考えられる。

知の探索においては、自分と他人との常識のズレに気づくことが、相互に知の認知の範囲を広げることに繋がると受け取った。逆を言えば、いかに多様な人材を集めても互いに気づきが無ければ認知は広がらない。ここで知の探索を促すことがダイバーシティの大目的として整理してみる。その機会を増やす手段としては、(知的に)多様な人材を増やすこと、個人内多様性を高める、対話や共感を生む場を増やすこと等があげられる。この点、クロスNonNや各種塾活動などの人事施策のねらいが腹落ちする。

一方で、この対話の質を高め知的コンバットまで昇華するには何が要るだろうか。その当事者たる多様な人材同士において、相互の感性のズレが起点となるのではないだろうか。人と人とは単に各々が離れた知識を持ち共有するだけでなく、個人固有の経験から獲得した感性が異なるがゆえに生ずるズレがあり、相互的作用により新しい気づきを与えてくれるからである。ゆえに感性や関心を持たないAIによる知と知の組合せではいまだに辿り着けない領域の創造性を含むと考える。こうして感性のズレから気づきを得るには、相手の感性に同調や推察せずありのまま共感することと、自分の感性がどこから生ずるか辿ることで無自覚の習慣性を解明することが重要だと理解した。

日常生活の本質的な規則性から物事の成り立ちを問うことは、客観的かつ普遍性のある物の見方としてあるべき姿だと感じる。武蔵が剣術を通じて能動的動作の意味を理解し、その前に現れる意識・感情や本能的な心の作用を操ろうとしたように、五輪の書で本質に迫る思考についてより理解を深めることができたように思う。現象学ことはじめを一助として、本質的な物の見方を我が身につけていきたい

以　上

「西洋絵画の見かた」に関する考察

西洋美術史のイノベーションといった視点で考察を行う。
西洋絵画の歴史は深化と飛躍(イノベーション)に分けられると感じる。まずはルネサンスに移行するイノベーションの発生である。東ローマ帝国の崩壊とイスラム圏との交易で栄えたイタリアに於いて異文化が融合される中、透視図法を始めとした遠近法が確立された事により絵画が美術史の中心的な存在になった。このルネサンスに於いてのイノベーションは知の探索、深化が同時に起こっている。富が栄える事により遠くの文化が集積され探索が容易に行える様な環境になった事はイノベーションに於いて重要な内容と思われる。また遠近法はフィレンツェで深化を重ねた後、北方を中心とした各地でイノベーションをもたらす。この深化とイノベーションが同時に進んだ事と人間への回帰でルネサンスが大きく取り上げられることになると考察する。その後のバロック・ロココからロマン主義は技法に於いての深化、イノベーションは少なく対象の扱いが人の内面的な所に踏み込む深化に限られていると感じる。

次の大きな変革点はそれまでの写実主義から印象派への変革だと認識する。この変革は人の内面的な所が更に深化した所に加え写真技術(ファイブフォースの代替品の発明)、浮世絵を中心としたジャポニズムとチューブ入り絵の具の発明に起因する所が大きいと感じる。写真と言った外からの脅威、ジャポニズムといった知の探索、人の内面を更に深化させ、主観性の開花と感じた場所で描けるチューブ入り絵の具といった要素が組み合わさり写実からのイノベーションを果たしたと言える。その後の世紀末美術、20 世紀の美術といった内容はそれぞれイノベーションがあるが写実からの飛躍後の深化と見る事が出来る。また、技術的、社会的な影響によってもイノベーションがもたらされている。前述したチューブ入り絵の具もそうであるが、蒸気機関車などの移動手段の発明により絵画ネットワークが広がりマスコミと言った情報伝達手段が絵画においてもイノベーションのきっかけとなっている。また、当時、主流であったサロンのアカデミズムではなく、その落選者や不満を持つ、いわゆる周辺からイノベーションが起こった事は興味深い。

大きなイノベーションの発生には技術の進歩、社会のつながりの変化、知の探索が容易な環境が必要条件と思われ、深化が極まる事と代替品の脅威がイノベーションを加速させていると言える。この様な環境を作る事が我々でも重要であるが知の探索は意識せず集まってくる所が興味深い。また、それぞれの画家はしっかりとした下積みの上、必死で作品を作り上げているのが大半でこの真剣勝負を行っている事がイノベーションの前提になっていると言える。これらより、知の探索に於いては探索に出向くだけでなく集まってくる様に十分な(必死の)深化をさせニッチでもトップになることも重要と思える。当然、異文化の結合でイノベーションが発生している事からもダイバーシティは重要であり我々の進むべき方向と認識を深めた。

以　上

事例③　レポート評価結果表

チーム	No	Day1 レポート				Day2 レポート				Day3 レポート				Day4 レポート				Day5 レポート	
		経営理論① 人事	経営理論① 貴志	経営学 人事	経営学 貴志	経営理論② 人事	経営理論② 貴志	五輪書 人事	五輪書 貴志	経営理論③ 人事	経営理論③ 貴志	現象学 人事	現象学 貴志	経営理論④ 人事	経営理論④ 貴志	直観の経営 人事	直観の経営 貴志	西洋絵画 人事	西洋絵画 貴志
A	01	A	A	AA	AA	AA	B	AA	AA	A	B	A	B	A	A	B	B	A	A
	02	B	B	B	AA	B	B	AA	AA	A	B	A	B	B	A	B	B	A	A
	03	A	A	B	A	A	A	A	AA	A	A	A	A	A	A	A	A	A	A
	04	B	B	B	A	A	A	A	AA	A	AA	AA	A	A	A	AA	A	A	A
	05	B	B	A	A	A	A	A	A	A	AA	A	A	A	AA	A	A	A	AA
	06	B	B	B	A	B	B	B	B	C	C	C	C	B	A	C	B	B	B
	07	B	B	B	A	B	B	A	AA	B	B	B	A	B	C	A	A	A	A
B	08	A	A	A	A	B	B	A	AA	B	A	A	AA	A	A	A	AA	A	B
	09	A	A	B	B	A	A	B	A	B	AA	B	C	A	AA	A	AA	A	A
	10	B	B	B	B	B	A	B	B	B	A	A	A	A	A	A	AA	B	AA
	11	A	AA	AA	A	A	AA	A	B	A	A	AA	B	AA	C	A	A	AA	AA
	12	A	A	A	AA	B	A	A	B	A	AA	A	C	A	A	B	B	B	B
	13	B	A	B	B	A	A	B	B	A	AA	B	A	A	AA	B	B	A	B
C	14	—	—	—	—	B	B	A	B	A	A	B	AA	AA	AA	A	A	A	A
	15	B	B	B	B	A	A	A	A	A	AA	A	A	A	A	A	A	A	B
	16	B	B	A	A	B	B	A	A	A	A	B	AA	AA	B	A	A	A	A
	17	C	C	B	C	A	A	A	A	B	B	A	B	A	A	C	C	B	A
	18	A	AA	B	A	B	A	AA	AA	A	AA	A	AA	AA	AA	B	B	A	A
	19	A	A	B	B	C	B	B	A	B	B	B	AA	A	AA	AA	AA	AA	AA
D	20	B	B	B	A	A	AA	B	AA	B	A	AA	AAA	A	A	A	A	A	A
	21	C	C	A	A	A	A	A	AA	A	AA	AA	A	A	A	A	AA	C	C
	22	A	A	B	B	B	AA	AA	AA	A	AA	B	B	B	B	A	A	A	B
	23	B	B	A	AA	A	AA	A	AA	B	B	AA	AAA	B	AA	A	A	A	AA
	24	C	C	C	B	B	B	B	A	A	A	C	AA	A	B	A	A	B	C
	25	C	C	C	C	B	A	B	A	AA	A	A	AA	A	AA	A	AA	B	A
E	26	A	AA	AA	AA	AA	A	AA	AA	AA	AA	AA	A	A	B	A	A	AA	AA
	27	B	B	B	B	A	A	A	B	B	AA	A	A	B	A	B	B	B	B
	28	C	C	C	B	B	B	C	A	B	AA	B	A	A	A	A	A	AA	AA
	29	A	A	A	A	B	B	B	A	B	A	C	B	B	B	B	B	B	A
	30	C	C	C	C	A	B	B	AA	B	B	B	B	B	B	A	A	B	B
	31	AA	A	A	A	B	A	A	A	A	B	B	B	B	A	A	AA	B	C

おわりに

企業経営は科学的手法に基づくデジタルな考え方だけで進められるものではない。それは企業が多くの人で構成される組織体であり、その従業員が相対する市場や競合他社など、関連するすべての集団もまた人からなるためである。企業の判断や行動は人によって行われ、またそれは他の集団の人間に向けて行われる。あくまで経済活動の根幹は人であり、人と人とのやりとり、相互作用なのである。

本書では科学的、論理的な戦略論や経営手法に限界があることを前提として、企業を構成する組織が、また組織を構成する個人がどのように判断し行動するのかを紐解きながら、それぞれが目指すべき方向性と具体的な方法論について議論してきた。また企業と個人、人と人との関係性について掘り下げ、組織の進化や持続的な知の創出について、モティベーションや共感について、それぞれのメカニズムを考察した。

あらためてキーワードを振り返ってみると、組織および個人へのフィードバック、モティベーション、相互理解と信頼関係、相互作用による閃き、直感、共感など、いずれも数値化し難いものが並ぶ。定量的というよりも定性的、デジタルと対比させるならアナログ、科学的と対比させるならアート的と言えるだろう。それはこれらが人の感情や思考プロセスと強く関係しているためである。またこれらを発露するためのコミュニケーション能力、イントラパーソナル・ダイバーシティ、実践知なども同様に、数値化して測定することは難しい。もちろん科学的な経営手法も重要ではあるが、たとえ数値化が難しくとも、これらは現代の経営において必須の要件なのである。

この不確実性の高いVUCAの時代、また個人の価値観が多様化する現代社会において、企業がその変化する環境に適応しながら、サスティナブルな存在として社会に貢献してゆくために、経営者や組織責任者を筆頭に、人事を担う職能の皆さんの役割と責任は重大である。イントラパーソナル・ダイバーシティの高い実践知を有する人材を次々に輩出し、企業価値の向上と社会への持続的な貢献に向けて、また従業員一人ひとりが「笑顔」で働けるよう、多様な思考の軸を持って業務を推進いただければと願う次第である。

謝辞

本書の執筆にあたって、数多くの方々にご支援、ご協力いただだいたことに心から感謝申し上げます。

まずは長きにわたり著者の勘と経験で進めてきた人材育成と組織開発を、カリキュラムという形で設計し現場への導入を共に進めていただいた、当時のパナソニック㈱コネクティドソリューションズ社メディアエンターテインメント事業部人事部の五島輝昌氏、廣橋徹氏、岩井秀仁氏、西野智哉氏。組織開発の実践にあたって、多大なるご支援とご協力を頂いた本社戦略人事部の大西達也氏、前川督之氏、戒能直美氏、礒貝あずさ氏、スコラコンサルタント株式会社の木原玲子氏。

また2022年4月に発足したパナソニック コネクト社㈱の人材開発体系を設計する中で、長時間の議論にお付き合いいただいた中島好博氏、平田慶介氏、コネクトアカデミーの設立に携わる中で多くの気づきをいただいた永木浩子氏、鈴木勇司氏、これらの推進を積極的に後押し下さったコネクト社人事センター長の新家伸浩氏。著者の講座を辛抱強く受講いただいた数多くの受講生諸氏。皆さんとの知的コンバットや、実践を通じての新たな学びなくして、本書を書き上げることはできなかったと思います。

最後に、初めての出版で右往左往する著者に対し、的確なアドバイスと丁寧なフォローをいただいた、佐藤義行編集長をはじめとする株式会社ＰＨＰ研究所の皆さまに厚く御礼申し上げます。

貴志俊法

装幀　本澤博子

〈著者略歴〉

貴志俊法（きし・としのり）

1963年生まれ。1988年３月京都大学大学院理学研究科卒業。

松下電器産業（現・パナソニック）入社。本社技術部門中央研究所記録デバイス研究所に配属。パナソニックディスクサービスアメリカ副社長、ストレージ事業部工場長、同事業部長、メディアエンターテインメント事業部事業部長等を経て、2018年よりパナソニック㈱執行役員。パナソニック㈱コネクティドソリューションズ社 副社長（兼）メディアエンターテインメント事業部事業部長。2022年からパナソニック コネクト㈱上席主幹人材組織トランスフォーメーション担当。現Officeコクリエ代表。

人と組織による実践経営学

2023年7月7日　第1版第1刷発行

著　者　貴志俊法
発行者　村上雅基
発行所　株式会社ＰＨＰ研究所
京都本部　〒601-8411　京都市南区西九条北ノ内町11
教育ソリューション企画部　☎075-681-5040（編集）
東京本部　〒135-8137　江東区豊洲5-6-52
普及部　☎03-3520-9630（販売）
PHP INTERFACE　https://www.php.co.jp/
組　版　株式会社PHPエディターズ・グループ
印刷所
製本所　図書印刷株式会社

ISBN978-4-569-85488-5